刑事诉讼移管研究

XINGSHI SUSONG YIGUAN YANJIU

郇习顶 —— 著

法律出版社
LAW PRESS · CHINA
—— 北京 ——

图书在版编目(CIP)数据

刑事诉讼移管研究 / 郇习顶著. -- 北京 : 法律出版社, 2023
ISBN 978 - 7 - 5197 - 8417 - 1

Ⅰ. ①刑… Ⅱ. ①郇… Ⅲ. ①刑事诉讼—研究—中国
Ⅳ. ①D925.213.4

中国国家版本馆 CIP 数据核字(2023)第 190298 号

刑事诉讼移管研究
XINGSHI SUSONG YIGUAN YANJIU

郇习顶 著

责任编辑 韩梦超
装帧设计 李 瞻

出版发行 法律出版社
编辑统筹 辞书·融出版编辑部
责任校对 王 丰 李景美
责任印制 吕亚莉
经 销 新华书店

开本 A5
印张 8.125 字数 158 千
版本 2023 年 12 月第 1 版
印次 2023 年 12 月第 1 次印刷
印刷 北京建宏印刷有限公司

地址:北京市丰台区莲花池西里 7 号(100073)
网址:www.lawpress.com.cn
投稿邮箱:info@lawpress.com.cn
举报盗版邮箱:jbwq@lawpress.com.cn

销售电话:010 - 83938349
客服电话:010 - 83938350
咨询电话:010 - 63939796

书号:ISBN 978 - 7 - 5197 - 8417 - 1
定价:67.00 元

凡购买本社图书,如有印装错误,我社负责退换。电话:010 - 83938349

序　言

在我国大力推进涉外法治建设的新时代,《刑事诉讼移管研究》正式付梓面世,为国际刑事诉讼法的发展吹来一股新风,更为我国国际刑事司法协助制度建设呐喊助威,可喜可贺。本书是郇习顶博士根据其博士学位论文修改而成的法学专著。新著比原学位论文增加了较大的篇幅,可以说是再创作的产物。

郇习顶博士毕业之后一直在江苏省高级人民法院担任法官,从事刑事审判工作。岁月如梭,光阴似箭,十多年过去了,他在法治道路上孜孜以求,坚持不懈,如今终于修成这一正果。这不仅是对他早年学术生涯的一个总结,也可看作是其法治人生的一个美好成就。

2009 年郇习顶考入中国人民公安大学,攻读刑事诉讼法专业博士研究生期间,我作为他的博士生导师,希望他和其他同门学子一样将国际刑事诉讼法作为研究方向,为促进我国国际刑事诉讼法理论研究和实践做出自己的贡献。他不仅欣然接受建议，而且花费巨大的精力投入这个新领域的研究工作中。由于他长期从事刑事法研究和刑事审判实务，猛然迈入这个陌生的国际刑法和国际刑事诉讼法新领域，对他而言不是一件轻松的事，其面临的困难可想而知，必然需要付出比别人更多的艰辛。好在他肯下功夫，经过几年苦读，功夫不负有心人，毕业前如期交出了十几万字的博士学位论文。当时参加答辩会的刑事诉讼法学者们对这篇论文给予一致肯定和赞许。我后来鼓励他毕业后能继续研究，争取日后将其论文正式出版。如今，他完成了这件事，确实令人高兴。

《刑事诉讼移管研究》是一部研究国际刑事诉讼法领域的专著，具有较高的理论价值。其理论价值从如下几个特点突出反映出来：

第一，创新性。十多年前，我指导博士研究生选择学位论文题目时，要求他们选题要新，命题要明确，论文写作要有独创性。郇习顶选择国家间刑事诉讼移转管辖作为博士学位论文题目，其选题是很新颖的。当年，我国刑事诉讼法学界鲜少有人研究这个课题，科研成果寥寥无几。即便在国际上国家间所缔结的双边刑事司法协助条约也很少将诉讼移转管辖合作安排在各该条约中，所以，国内刑事司法界对此比较陌生。他敢于选择这个新鲜的课题来研究，是需要一定勇气的。十多年过去了，这个新型的司法协助制度的发展依然步履蹒跚，对我国立法、司法而言依然是新的发展问题。全书有关国家间刑事诉讼移转管辖的论述有许多新观点、新看法和新主张，至今读来不仅不过时，而且与新时代涉外法治建设的发展脉搏的跳动是一致的。

第二，前瞻性。郇习顶在我国刑事诉讼法学界研究这个新课题，颇有开刑事诉讼法学术研究风气之先的味道。这种对学术新领域的探索本身就具有前瞻性。他所讨论的理论问题不是经过我国司法机关反复实践的问题，而是超前预设的学术问题，是为未来国际刑事司法协助制度建构做理论准备而用的。所以，全书不是从经验出发去讨论，更多的是从理论假设中去推演。这符合学术研究中先假设、后求证的研究方法。论文成功的关键在于，他的许多假设是可验证的。

第三，系统性。全书先从国家间刑事诉讼移转管辖问题的基本理论展开，围绕国际刑事诉讼移转原则、规则、规章、制度和程序进行系统探讨，并对国家间刑事诉讼移转管辖的发展趋势进行初步分析，在此基础上，结合我国司法实际，提出一些中肯的建设性意见和建议。全书理论建构思路清晰，体系结构完整，自成一家之言。作为一篇长篇学术论文，这是难能可贵的。

我国出版发行的刑事诉讼法著作、教材、工具书、参考资料可谓汗牛充栋，但是，唯独有关国际刑事诉讼法的著作比较少见，其中涉及国家间刑事诉讼移转管辖的专著更是凤毛麟角。《刑事诉讼移管研究》的出版具有填补刑事诉讼法学术研究空白的理论价值。

本书还具有一定的实践指导意义。党的二十大提出要统筹涉外法治和国内法治，要将国家的各项工作法治化。在贯彻落实全面依法治国过程中，将国际刑事诉讼法作为重要一环加以推进就成为必然选择。在涉外立法方面，本书论述的国家间刑事诉讼移转管辖理论可为我国修改刑事诉讼法提供重要的理论依据。在我国修改《刑事诉讼法》时，可以直接援引其论述作为增加刑事诉讼移转管辖条款的依据。鉴于我国已通过《对外关系法》《缔结条约程序法》，正在大规模开展缔结条约工作，未来在推进有关国际刑事司法协助条约过程中，势必会将国家间刑事诉讼移转管辖合作提上议事日程。本书可为我国有关部门起草相关国际条约文本提供理论指导。随着我国海外利益保护的任务越来越繁重，我国涉外刑事诉讼互动势必越来越频繁，刑事诉讼移转管辖必定成为重要的司法制度安排。我国司法机关需要不断熟悉刑事诉讼移转理论，不断建构刑事诉讼移转管辖制度，为涉外刑事诉讼服务。本书正好可以满足这些实践上的理论支持。

国际刑事诉讼移转管辖制度是新型的国际刑事司法协助的组成部分。它和刑事文书送达、调查取证协助、引渡等传统司法协助和犯罪所得没收合作、刑事判决承认和执行等新兴司法协助制度一起构成国际刑事司法协助制度体系的有机部分，是当代国际刑事诉讼制度变革的重要方面。由于这个新型司法协助的兴起比较晚，其理论体系相对而言并不很成熟。大约在20世纪80年代，国际刑法协会主席、美国的保罗大学教授M. C. 巴西奥尼从国际刑法角度对国家间刑事诉讼移转管辖进行了研究，在其主编的三卷本文集《国际刑法》中将有关论文编入其中，引起了国际刑法学界的关注，从此才不断有国际刑法学家研究这个课题。但是，各国司法机关对此关注不够，更很少将其付诸实践，因而无论是大区域组织还是次区域组织都很少订立国家间刑事诉讼移转管辖协定或指导原则。这必然导致该制度发展缓慢，至今仍处在不成熟阶段。但是，正如任何法律制度的诞生和发展是社会需要的产物一样，国家间刑事诉讼移转管辖的发展必定伴随着国际社会的需要而兴旺起来。随着国际社会越来越认同法治是全球治理的重要工具,国际法治正在不断走向健全。联合国开启的国际刑法造法运动已使《联合国打击跨国犯罪公约》《联合国反腐败公约》《国际刑事法院公约》等大批国际刑法公约的产生,《联合国打击网络犯罪公约》正在拟定过程中,国际刑事司法协助越来越被国际社会所喜闻乐见。假以时日,国家间刑事诉讼移转管辖建设必将走到前台,成为国际社会必须认真对待的国际条约谈判的课题。这个趋势势必很快变成现实。

在当今网络时代,网络将真实世界结成一个紧密相连接的整体,同时又组成一个系统的虚拟世界,真实世界和虚拟世界融合在一起,使得世界变得非常复杂,各种经济、政治、社会、科技、文化活动变得非常便捷,人财物大流动极为容易,跨国犯罪随之变得如同家常便饭一般,各国面临的跨国执法与司法问题愈发频繁。在这种时代大背景下,任何国家尤其是发达经济体面临的海外利益保护和涉外诉讼问题愈发尖锐复杂。为了妥善行使刑事司法权,就必须寻找更加便捷的方式来解决相关的司法问题。国家间刑事诉讼移转管辖就被国家立法和司法机关提到重要议事日程上来考量。

对一国而言,国家间刑事诉讼移转管辖具有多重意义。一是有助于弥补国家追究跨国犯罪,处理跨国刑事案件的司法缺位。一国司法机关适当地将本国有权管辖而实际上难以管辖的刑事案件委托其他国家司法机关代为管辖,从而代为完成本国的司法任务,可以弥补本国不能对具体犯罪案件行使刑事管辖权的困境。二是有助于惩治跨国犯罪或涉外犯罪。跨国犯罪实施后,其行为造成了危害后果,不管犯罪人逃到哪里去,只要受到法律追究，其行为受到刑罚处罚，那对犯罪受害国而言至少实现了惩治犯罪的目的。这是借助别国司法手段惩治本国犯罪的一种特殊的司法手段，本质上是符合法治的精神的。三是有助于震慑跨国犯罪或涉外犯罪。通过这种司法制度安排，明确昭告世人，不管任何人犯罪后逃到天涯海角，都会受到法律追究，即便不受到本国司法机关直接追究，也会受到外国司法机关的追究。这将对犯罪人形成巨大的威慑力，使其不得不考虑犯罪的成本和后果。四是有助于减轻当事国的司法压力。如果一国能借助刑事诉讼移转管辖制度将大量的涉外案件移交其他国家代为管辖，那就可以极大地减轻该国管辖涉外案件的巨大司法压力和政治压力，有利于该国司法机关节省司法人力成本和资源，有利于将司法资源集中于本国内的司法工作。

从我国统筹推进涉外和国内法治的角度来讲，创新国家间刑事诉讼移转管辖不仅非常必要，而且也是可行的。一是，我国正在全面依法治国，可为国家间刑事诉讼移转管辖的创建提供坚强的政治保障。作为全面依法治国、统筹推进涉外法治和国内法治的一个链接，推进国家间刑事诉讼移转管辖，不仅不存在政治障碍，相反还会得到巨大的政治支持。二是，我国《刑事诉讼法》日趋完善，可为我国创新国家间刑事诉讼移转管辖提供刑事诉讼法制度便利。在修改《刑事诉讼法》时将该制度纳入其中，并不存在特别的障碍和困难。只需要转变观念，科学论证，精心设计，就可以完成并不复杂的修法任务。三是，我国司法机关对国际刑事司法协助制度日益熟悉，因而再增加一项新型的司法协助任务，并不存在特别的司法压力，相反会被各地司法机关所接受。

在全面依法治国的时代背景下，我国应采取强有力举措，稳步推进国家间刑事诉讼移转管辖制度建设。第一，将国家间刑事诉讼移转管辖制度建设纳入国际刑事司法合作范畴加以统筹推进。第二，加快推进国家间刑事诉讼移转管辖立法进程，将其纳入《刑事诉讼法》修改的议程中。第三，逐步将国家间刑事诉讼移转管辖作为缔约谈判的内容纳入我国与外国司法协助缔约谈判框架内，尽可能在上海合作组织、金砖国家成员国内先行一步。第四，积极推动国际社会认同国家间刑事诉讼移转管辖优势，将其普及，为在全球范围内推进国际司法协助打下基础，尽可能敦促联合国着手开展这项新型的国际司法合作议程，为全球法治建设做出新的合理安排。

是为序。

赵永琛

2023 年 11 月 15 日

前　言

国家间刑事诉讼移管是一种关涉国家司法主权让渡的深层次司法协助形式，其与引渡、刑事司法协助、被判刑人移管、外国刑事判决的承认和执行并列构成国际刑事司法协助的框架体系。目前，我国学术界在这个领域的研究较少，相关研究成果鲜见。笔者选择此题旨在通过较为全面的探究，厘清国家间刑事诉讼移管的基础理论和基本内容，以期填补这个领域的空白，促进国家间刑事诉讼移管以及我国区际刑事诉讼移管的有序发展。

本书分为五章，论证的基本思路如下：

第一章刑事诉讼移管概论。通过我国学术界对刑事诉讼移管的诠释，阐明刑事诉讼移管是指一国在特定情况下将刑事案件移交给他国行使刑事管辖权的一种国际刑事司法协助方式。它的基本内涵和核心是刑事管辖权的让渡；其基本特征是刑事管辖权的让渡、适用法律的复杂性和刑事司法属性。有国际移管与区际移管、明示移管与默示移管、输出移管与输入移管三种基本类型。经与引渡、狭义司法协助、被判刑人移管及区际刑事诉讼移管的对比分析,进一步明晰刑事诉讼移管在国际刑事司法协助框架体系中的地位。刑事诉讼移管当事国通常可称为移管输出国和移管接受国。

第二章刑事诉讼移管基础理论。如同其他刑事司法协助形式,刑事诉讼移管的产生、发展具有法理基础、现实基础和国际法基础。司法公正、诉讼经济、保障人权和刑事管辖权国际冲突的解决是刑事诉讼移管的制度价值;国家主权让渡论是刑事诉讼移管的逻辑前提,刑事诉讼移管是国家行使司法主权的一种方式;针对"或引渡或起诉"的局限性以及预防和惩处当代国际犯罪、跨国犯罪的窘境,"或引渡或移管"旨在赋予当事国强制履行对国际社会整体的国际义务,减少国家不作为、放纵犯罪的现象,"或引渡或移管"应当成为国家间刑事诉讼移管的法理基础。国家间刑事诉讼移管的现实基础包括它能够迎合国际社会合作惩处国际犯罪的需要、维护国际共同利益的需要和主权国家实现司法主权的需要。在当今国际社会业已形成的严密的国际刑事司法协助网络中,主权国家的国内刑事法趋同趋势日益显现,全球范围内逐步趋向刑事法治,刑事诉讼移管将得以快速发展。

第三章刑事诉讼移管的基本原则。刑事诉讼移管的基本原则是指为国际社会所公认、能够普遍适用于刑事诉讼移管实践,指导刑事诉讼移管的基本原理和准则。尊重当事国刑事管辖是首要原则,也是当事国进行诉讼移管合作的基础,在解决刑事管辖纠纷时,第三国模式具有特殊的适用价值。移管不加刑原则的宗旨在于保障被追诉人的人权,与惩处国际犯罪并不矛盾,同时需要正确对待在实践中带来的“同罪不同刑”现象。死刑不移管原则是当事国拒绝刑事诉讼移管的理由之一,与限制、废除死刑、保障人权有异曲同工之效,且有利于控制国际犯罪,在当今国际社会刑罚轻缓化的发展趋势下,对促进刑事诉讼移管的顺利运行具有非常现实的指导价值。

第四章刑事诉讼移管的规则。刑事诉讼移管的程序是指诉讼移管当事国间提出诉讼移管请求、办理、结案、结果通报等步骤作出的先后次序,一般不涉及一国之内的刑事诉讼程序;刑事诉讼移管的规则包括诉讼移管适用的案件范围、适用条件、法律效力、权利保障和证据移交等。为促进证据移交的顺利进行以及移交后证据的最终采信,本书在对比两大法系国家证据规则的基础上,提出移管当事国应从规范取证、注重物证的搜集及采用远程视频取证等方面,促进两大法系国家间相互接受、采信移交的证据。赃款赃物本身具有经济价值,同时具有证明价值的双重属性。

第五章我国区际刑事诉讼移管制度的构建。基于国家间刑事诉讼移管的合理内核及国家间刑事诉讼移管与区际刑事诉讼移管的差异,我国区际刑事诉讼移管是指我国内地(大陆)、香港特区、澳门特区、台湾地区四个法域之间,某一个或多个法域将跨境犯罪案件移交给某一个法域行使刑事管辖权的刑事司法协助方式。在性质上属于在一国国内拥有独立终审权的不同法域之间的刑事诉讼移管。基本特征是适用的主体为我国各司法法域,适用我国统一的法律,内地对特定案件拥有专属管辖权。我国区际刑事诉讼移管的基本原则、适用的程序和规则等方面仍需在诉讼移管实践中不断加以完善。

目　录

引　言

一、问题的提出

在国际刑事司法协助领域,刑事诉讼移管是一种关涉国家主权的深层次的一种方式,20世纪50年代在欧洲率先建立。随后,逐渐获得国际社会的普遍认可。在我国,20世纪90年代初学术界开始进行相对比较深入的研究,并在我国与土耳其、希腊等国签订的双边条约和互助协定中作为一种刑事司法协助形式逐渐被确定下来。而在我国的基本法律中,《刑事诉讼法》第17条对刑事司法协助作出的最概括的原则性规定,即"根据中华人民共和国缔结或者参加的国际条约,或者按照互惠原则,我国司法机关和外国司法机关可以相互请求刑事司法协助"。从内容上看,这个唯一条款明确了"可以相互请求"刑事司法协助,但是,如何开展刑事司法协助,开展何种形式的司法协助等则没有规定详细的规则。综观我国与他国进行的刑事司法协助条约、协定以及司法合作实践，可见刑事诉讼移管没有充分发挥其在惩处跨国有组织犯罪、国际犯罪，维护国际社会公正方面应有的作用。究其原因，笔者认为，主要有以下几个方面：

一是刑事诉讼移管属于一国刑事管辖权、国家主权适当让渡的范畴，传统的绝对国家主权、国家利益至上理念不接受、不容许一国放弃、让渡国家主权的情况发生，这是很多法学者、国际法学者、政府首脑内心中根深蒂固的思想，加上某些国家片面追求本国家利益、漠视国际社会利益，导致纵容国际犯罪、跨国犯罪现象的发生，世界各国对待刑事诉讼移管一般是慎之又慎。在我国，对刑事诉讼移管的研究尚没有形成体系，我国学术界对刑事诉讼移管与国家主权的关系等基础理论的研究几乎空白，因此迫切须要系统、深入地加以探讨。

二是从我国目前的研究成果以及法律规范看，仅仅将刑事诉讼移管视作"不引渡本国公民的替代措施"，国际刑事司法协助的目光往往集中于引渡或者常规的司法协助形式，如送达文书、调查取证、搜查、扣押、鉴定等，但是，笔者发现，刑事诉讼移管从其产生之初看，确实以国家间不引渡本国公民的替代措施出现，但是，随着半个多世纪的国际司法合作实践，刑事诉讼移管在有效惩处和预防犯罪、维护国际社会公正秩序等方面特有的功能和价值已经得到国际社会的认可，应当以独立的司法协助形式跻身于国际刑事司法协助领域，这是迎合经济全球化、应对犯罪国际化、维护国际社会公正秩序的必然要求。

三是我国与相关国家签订的有关刑事诉讼移管协定、条约的条款比较原则化，几乎都是寥寥几个条款，属于最粗的宣言式，如对缔约国诉讼移管义务的规定，忽视两大法系司法制度、诉讼结构、证据规则等的不同，对刑事诉讼移管实践只能提供有限的指导价值，以致国家间刑事案件移管进展无章可循，举步维艰，因此，完善刑事诉讼移管的具体条款已经不容忽视。

二、选题的意义及研究思路

（一）理论意义

1. 本书拟系统、深入地探究国家间刑事诉讼移管的基本理论，论证刑事诉讼移管制度在国际刑事程序法中不可或缺的独立地位。首先，其产生具有国际社会客观需要的现实基础，它能够有效消除国家间刑事管辖权的冲突；能够切实惩处诸如跨国有组织犯罪、恐怖犯罪、贪污贿赂犯罪等仅以一国之力难以完成的国际犯罪。其次，符合维护国际社会共同利益的需要，有助于实现世界范围内的公平正义。最后，符合国际刑事诉讼原理，经过半个多世纪的国际刑事司法实践，其生命力日益旺盛，并为国际刑法、国际条约所确认，已经成为由国际法、国际条约规定的一种具体的国际刑事诉讼制度。

2. 完善我国刑事诉讼法中的涉外刑事程序篇。我国刑事诉讼法涉外篇中缺乏刑事诉讼移管的相关规定，本书将对我国构建刑事诉讼移管制度以及区际刑事诉讼移管制度提出一些建议，以期能够为指导我国与他国、我国区际四法域的司法协助提供理论支撑。

（二）实践价值

1. 推进我国与外国的刑事司法协助在现有的水平上再上一个层次，进一步维护国际公共利益和国家利益。一直以来，我国与外国的刑事司法协助主要限于狭义的协助形式，多年都没有大的突破，随着国际犯罪、跨国犯罪形势的演变、犯罪手段诡秘的变迁，较深层次的合作形式如联合侦查、执法合作等已经应用于司法合作实践。2008 年 2 月初，日本多家媒体报道，1 月 30 日，日本兵库县和千叶县的 3 个家庭，计 10 名消费者，在购买并食用了中国河北 × × 食品厂生产的饺子后，出现了呕吐、腹泻等食物中毒症状。“环球时报”2010 年 7 月 14 日报道，据“日本新华侨报网”消息，2010 年 7 月 12 日，日本警察厅审议官以及千叶县、兵库县的警员一行 10 人抵达北京，就“毒饺子事件”展开调查。7 月 13 日，在北京与中国警方的负责人进行了磋商。7 月 14 日，中日两国警方人员前往河北省石家庄市，并将“参观”食品制造厂家“ × × 食品厂”。随后，中日警方又前往日本考察了兵库县和千叶县的 3 个家庭。在本案的外交谈判过程中，日本警察厅曾考虑向中方提出把此案作为中国人在国外的犯罪由中方“代为处罚”。笔者认为，这就属于国家间刑事诉讼移管的范畴，犯罪嫌疑人吕某庭实施投放危险物质犯罪的结果地在日本，依照《日本刑法》的规定，日本享有管辖权，但是，犯罪嫌疑人系中国公民，犯罪行为地在中国，在中国境内也有人被害，依据本国公民不引渡的惯例，中方不可能同意引渡犯罪嫌疑人吕某庭，在这种情况下，如果日本真正向中方提出由中方“代为处罚”，毫无疑问将大大推动中日司法合作向深层迈进，不仅可以切实维护两国的国家利益，而且可以同样实现打击犯罪、维护国际社会正义的目的。

2. 严密我国反腐败犯罪、惩处外逃贪官的法网，力斩外逃贪官的后路，为已经外逃在外及潜在外逃的贪官敲响警钟，迫使其回国接受处罚或不敢越国境一步。2009 年，根据北京大学廉政建设研究中心的研究报告，过去 10 年间逃往北美和欧洲等地的我国腐败官员计 1 万多人，携带出逃款项 6500 亿元人民币以上。而来自国内司法系统的一位人士说，目前仍在逃的县处级以上贪官在 3000 人左右。[1] 国家惩治和预防腐败重大对策研究课题组组长王明高博士指出："捞了就跑，跑了就了，这是贪官外逃的真实写照。"而这其中能够遣返回国的少之又少。这既有国内法方面的原因，也有国际合作制度方面的原因。[2] 如果我国与外逃贪官所在国建立刑事诉讼移管协定，在引渡不能、劝返不能的情况下，我国提出刑事诉讼移管的请求、移交犯罪嫌疑人、被告人在国内实施犯罪的证据材料，交由逃犯所在国依据其国内法追究刑事责任，同样可以实现惩处犯罪、警示他人的刑罚目的。2009 年 5 月 6 日，美国拉斯维加斯的一个地方法院以诈骗、洗钱、跨国运转盗窃钱款、伪造护照和签证等罪名分别判处中国银行广东省开平支行原负责人许某凡和许某俊入狱 25 年和 22 年，同案被判有罪的两人配偶余某怡和邝某芳分别获刑。另外，法官还判处 4 名被告在刑满释放后必须面临 3 年的

---

〔1〕 靳之：《贪官外逃和追捕贪官》，载《领导文萃》2009 年第 13 期。

〔2〕 王婧：《引渡外逃贪官的瓶颈》，载《法人》2006 年第 8 期。

监管期,并勒令被告退还4.82亿美元的涉案赃款。[1] 这是我国外逃贪官首次在国外被判刑的案例。客观事实已经证明,目前以及今后一段时期,我国在打击腐败犯罪、惩处外逃贪官方面进行国际刑事司法协助所遇到的或者可能遇到的困难和障碍主要不是直接来自政治因素、社会制度或者意识形态上的差异,而主要来自法律方面、国际刑事司法协助的法律规范方面。

三、研究思路、方法和创新点

1. 本书第一章阐述刑事诉讼移管的性质、特征、类型以及与相关邻近制度的关系。第二章论证刑事诉讼移管的基础理论,包括刑事诉讼移管的法理基础、现实基础、国际法基础。第三章论证刑事诉讼移管的基本原则,笔者认为,刑事诉讼移管的首要原则应是尊重当事国刑事管辖原则,该原则最终能突出刑事诉讼移管的特质,笔者提出,当事国在解决管辖纠纷时可以考虑将刑事案件移交请求国和被请求国均信任的第三国,即第三国模式;在吸收“或引渡或起诉”原则合理因素的基础上,笔者创设“或引渡或移管”原则,同时提出死刑不移管原则。第四章刑事诉讼移管的规则,重点解决移交证据后的证据效力等问题,这也是刑事诉讼移管中的难点,受到世界各国司法制度、历史传统、证据规则等因素的影响,笔者着力寻求国际社会两大法系国家证据规则均予以认可的证据形式和证明方法。第五章对我国区

---

〔1〕 李瑛:《惩治外逃贪官的国际刑事司法协助解决机制探析》,载《政法学刊》2009年第8期。

际刑事诉讼移管制度的构建提出基本的设想。

2. 创新点。(1)首次提出"或引渡或移管"原则,该原则是普遍管辖权的实现方式之一,"引渡"与"移管"两者在适用范围上存在交叉,"或引渡或移管"原则的最终目的在于赋予犯罪人所在国以行使管辖权的义务。"引渡"与"移管"的义务对于国家来说是选择性的关系。缔约国负有向外国移管或者接受外国移管的义务,而不应该不作为。(2)系统、深入地论证刑事诉讼移管的基础理论,正确定位刑事诉讼移管在国际刑事司法协助领域中的地位,不是"不引渡本国公民的替代措施",而是一种深层次的国际刑事司法协助形式,具有独立的制度价值。(3)在国家间移交证据资料以及移交后的证据资料的效力方面,笔者结合两大法系国家间的司法制度、法律文化传统、证据规则等方面的差异,提出当事国注重规范取证、重视收集、移交运用物证、远程视频取证等,为顺利移交证据以及移交后证据效力的承认和采信提供理论支撑。(4)在解决刑事管辖纠纷的过程中,笔者提出请求国与被请求国间的争议难以消除时,可以考虑将相关案件移交双方均信任的第三方管辖,即第三方模式。

3. 研究重点、难点和本书命题。重点是刑事诉讼移管的基本原理、基本原则和证据移交的规则和证据效力的承认和采信问题,其中证据移交是重中之重,也是最能体现本书实践价值之处。研究难点是国际社会特别是欧盟国家间刑事诉讼移管的研究状况、移管规则和成功案例,证据移交的规则和证据效力的承认问题。笔者论证的本书命题是:国家间刑事诉讼移管是一种深层次的国际司法协助形式,其产生和发展有深厚的内在根据和法理基础，刑事诉讼移管的运行要遵循特定的原则和规则，对解决我国区际刑事司法管辖权冲突问题有相当的借鉴价值。

4. 研究方法。正如有学者所言，法学研究方法论中素有本土化和移植论之说。前者注重强调法是实践性的法，对其系统深入地研究要立足于本土，首先是法律制度层面的本土化。后者认为合理吸收、恰当借鉴外国先进的法律规范可以借他山之石，达到攻玉的效果。国际刑事实体法和国际刑事程序法是一种实践性的法，因此，它必须回应国际社会惩治国际犯罪、跨国犯罪的需要。再则，由于国际法的执行模式中，直接执行模式具有相当的局限，虽然欧盟国家在积极尝试超国家层面的直接执行模式，但遇到的成员国法律规范和司法制度上的障碍何其之多，践行步履艰难。目前，在全世界范围内，国际法的执行主要是实行间接执行模式。而本土化的国际法是有效发挥其作用的前提，“具体的、适合某一国家的法治并不是一套抽象的、无背景的原则和规则，而涉及一个知识体系”。[1] 因此本书尝试将本土化研究为基本方法，适当借鉴国际上的先进做法。

“比较法在提供改革方案的立法艺术以及根据某些模式是否与我们的总体制相协调，提出采用或不采用的理由等方面有贡献，它可以避免不协调或乱弹琴的现象发生。”[2] 笔者采用比较法。马克思主义的辩证唯物主义或历史唯物主义分析方法为

---

〔1〕 苏力：《法治及其本土资源》，中国政法大学出版社1996年版，第16页。

〔2〕 [法]勒内·罗迪埃：《比较法导论》，徐百廉译，上海译文出版社1989年版，第45页。

笔者拟采用的最基本方法。另外,笔者将采用实证分析法,探析我国与其他国家之间移管的案例以及其他国家间移管的成功案例,找出其中的合理内核。

四、刑事诉讼移管的历史沿革

从国际刑事司法协助的内容、形式、司法协助事项的范围及涉猎的深度等层面来看,国际刑事司法协助经历了国家间协助、区域性协助至全球性协助;单一形式协助至多种形式协助;浅层次协助到深层次协助的发展过程。在引渡、狭义司法协助、广义司法协助,直至最广义的司法协助的发展过程中,国际社会、国家间相互了解、相互信任逐步增强,逐步认识到刑事诉讼移管作为最深层次的司法协助形式,在有效解决管辖权冲突、有效预防和惩处国际犯罪和跨国犯罪、保障当事人人权等方面具有的不可或缺的功能,刑事诉讼移管才逐步引起国际社会的重视,才得以逐步发展。

1. 刑事诉讼移管的缘起

尽管国家间刑事诉讼移管在现代才逐步为国际社会所重视,但其渊源可以溯及古代。它和其他的国际刑事司法协助形式一样,是随着国际交往的发生而发生,随着国际交往的发展而发展,作为一种国际刑事诉讼法律制度,与引渡犯罪分子和惩罚犯罪相并相存。在我国,古代诸侯国间就已经进行刑事诉讼移管的实践,据资料可查,可以溯及春秋战国时期。

鲁庄公十二年,齐国雍禀设计杀掉了篡位之君无知,遣人去鲁国迎接齐公子纠为君。鲁庄公闻之,大喜,决定亲率兵车三百乘护送公子纠往齐国，同时，接受管夷吾即管仲的建议，由管仲带兵车三十乘先行前往齐国，意在先于公子白早先即位。当时，公子白身在莒国，闻国乱无君，与鲍叔牙商议，向莒国借得兵车百乘亦回齐国。管仲昼夜兼程，一日，赶上了公子白，趁与公子白对话之际，搭箭射杀公子白，正中公子白的带钩。公子白将计就计，诈死，后设法先于公子纠到达齐国即位，是为齐桓公。后来，齐桓公派人致书与鲁侯，称公子纠是其兄弟，不忍心加害，而管仲、召忽是其仇人，请求将管仲、召忽移交齐国杀戮。鲁庄公得此书信，杀掉了公子纠和召忽，并欲杀管仲以尸授齐。后鲁庄公接受齐国使者的建议，囚禁管仲交由齐国使者带回齐国处置。[1] 用今日现代国际刑事诉讼程序法学理论审视本案，暂且不论齐桓公出于什么目的请求鲁国移交管仲、召忽，以及后来如何“处置”和任用管仲，单从齐国派出使者请求鲁国移交管仲、召忽，欲“请受而戮于太庙”而言，以当今的国家间刑事管辖理论分析，齐、鲁二国事实上在进行着刑事诉讼案件移交的司法合作。齐桓公欲“戮”曾有带钩之仇的管仲以及辅佐公子纠的召忽，表明齐国欲对管仲、召忽行使刑事管辖权，公子纠、管仲、召忽虽然是齐国人，依照当今国际法中属人管辖原则，齐国当然对公子纠、管仲、召忽享有刑事管辖权，但因公子纠、管仲、召忽长期居住在鲁国，或者说已经取得鲁国国籍，至少是取得了长期居住权，齐国无法行使管辖权，齐国遂派遣使者携带国书亦为请求移交案犯的请求书正式提出诉讼移管请求。鲁国依据属地管辖

[1] （明）冯梦龙改编，（清）蔡元放修订：《东周列国志》，文幼、吕功点校，安徽文艺出版社2004年版，第95～100页。

原则,对公子纠、召忽和管仲享有管辖权,处死公子纠和召忽,系鲁国在独立行使刑事管辖权、独立处置案犯,而对管仲则囚禁后交给齐国使者,则为放弃、让渡对管仲的刑事管辖权。应当说,齐、鲁两国家间进行的合作具有刑事诉讼移管的性质。

鲁僖公三十三年春二月中,秦国孟明、白乞术、白乙丙三将率领秦兵消灭了滑国,掳掠滑国辎重,满载回秦。途经崤山,于四月十三日被晋国元帅先轸预设伏兵擒获,被押解到晋襄公大营。晋襄公欲将孟明三人献俘于太庙,然后施刑。文嬴夫人闻之,向晋襄公求情,请求晋襄公释放秦国三将,曰"他们三人的确离间了秦晋两国国君之间的关系,秦穆公如果抓到这三个人,就是吃了他们的肉都不解恨,何劳您去惩罚他们呢?就让他们回到秦国去受刑,以满足秦穆公的心愿,怎么样?"晋襄公答应并释放了孟明等三人。先轸闻之,朝见晋襄公,问及秦国的囚徒,晋襄公说:"夫人求情,我把他们放了。"先轸愤怒。晋襄公立即派遣阳处父追赶。追到一条河边,阳处父发现孟明等人已登舟离岸,遂解下车左边的骖马假借晋襄公的名义赠与孟明。孟明在船上叩头曰:"贵国国君宽宏大量,不把我们俘虏的血涂抹战鼓,让我们回到秦国去受死刑,如果国君把我们杀死,即使死了也不会忘记这次的失败。如果尊从晋君的好意赦免了我们,三年后将要来拜谢晋军的恩赐!"孟明等三人遂得以脱身回到秦国。

这是我国古代史上著名的秦晋崤之战。晋国全胜,俘虏了秦国孟明、白乞术、白乙丙三名将帅,晋襄公欲对三人施刑。此乃晋国对侵入其国土、侵犯其主权的战犯独立行使国家刑事管辖权的应有之义。后晋襄公接受了文嬴夫人的建议,释放了孟明等三人,表明晋国放弃了对三人的刑事管辖权,依据文嬴夫人的说辞,让孟明等三人回到秦国,由秦国依照自己的法律处死。晋国向秦国让渡了对三人的刑事管辖权,秦穆公得以素衣于郊外迎接三位将帅回国,表明秦国接受了晋国刑事管辖权的让渡。晋、秦两国间的放人和接人也具有刑事诉讼移管的性质。

客观而论,在当时,诸侯国间移交案犯未必出于刑事诉讼移管的考虑,更多地迫于国家间实力的差异,带有政治外交的目的,但是,又确有刑事诉讼移管的特质,因此,笔者暂且将其视为刑事诉讼移管在我国的缘起、萌芽时期。

在欧洲,刑事诉讼移管是在引渡、传统的狭义司法协助的基础上萌芽、产生,到现代才得以较快发展。尽管人们普遍认为,真正意义上的国际刑事司法协助始于近代第一个涉及引渡的条约,即 1689 年中俄缔结的《尼布楚条约》,[1]但追根溯源,引渡的历史还很久远。公元前 1280 年,在埃及法老拉美赛(Rameses)二世与赫梯族国王哈杜西里(Hattusili)三世缔结的同盟条约中即有相互遣返犯罪以后逃窜至对方境内逃犯的约定。在罗马时期,《罗马法》规定奴隶国对友邦犯罪可被引渡给外国。在当时,引渡即移交逃犯,国家间移交在一国犯罪之后逃亡到另一国家的逃犯,以双边条约、多边条约的形式确定下来。公元 15 世纪至 16 世纪,伴随欧洲国家海上贸易的快速发展,海盗甚为猖獗,构成了对海上贸易的严重威胁。欧洲的一些海上强国如葡萄牙、西班牙、荷兰等,即展开了被抢劫的受害国与海盗藏匿国间引渡海盗的实践。1625 年,格劳秀斯发表《战争与和平

〔1〕 赵秉志:《国际区际刑罚问题探索》,法律出版社 2003 年版,第 241 页。

法》，其中对国家间对海盗的惩罚、引渡等问题予以了详细论述。[1] 有关引渡的学术理论不断完善。与此同时，引渡当事国逐渐发现伴随引渡而生的代位送达诉讼文书、代位调查取证、认证等传统的狭义司法协助形式，在日益狡猾的海盗以外的国际犯罪、跨国犯罪面前很难发挥惩处犯罪的作用，逐步感受到引渡制度、狭义司法协助不能有效预防和惩处国际犯罪和跨国犯罪，因此，它们借助紧密相连的地缘优势以及更为相近的历史、文化、法治传统，在签订区域性司法协助条约中增加了警察合作、遣返犯罪嫌疑人、承认和执行外国的刑事判决、被判刑人移管、执法合作、诉讼移管等更深层的国际刑事司法协助形式。

1957 年，欧洲国家签订了《欧洲引渡条约》，其中第 6 条第 2 项规定："如果被请求国不引渡本国国民，则基于请求国之请求，应将案件提交司法当局，以便进行追诉。为达到追诉的目的，请求国应将有关犯罪的记录、调查报告及物证，无偿送达被请求国。被请求国应将诉讼之结果通报请求国。"该公约首次确立刑事诉讼移管制度，明确了请求国和被请求国双方的权利和义务，具有一定的可操作性，很快得到了国际社会的效仿。第二年（1958 年），苏联与匈牙利共和国签订了《关于民事、家庭和刑事案件提供司法协助的条约》，其中第 56 条规定，"缔约各方有义务根据缔约另一方的请求，按照本国法律对在缔约另一方境内犯有可引渡罪行的本国公民提起刑事诉讼"。

从此，诞生了最早的有关刑事诉讼移管的国际条约、双边条约。

---

〔1〕 赵秉志：《国际区际刑罚问题探索》，法律出版社 2003 年版，第 320 页。

2. 刑事诉讼移管的发展

由于欧洲国家领土毗连，公路发达，跨国交通肇事犯罪案件甚多。1964 年 11 月 30 日，欧洲国家首次就交通肇事犯罪的刑事诉讼移管事宜专门签订了《欧洲惩处道路交通肇事罪公约》，明确规定了道路交通肇事案件的管辖权在欧洲国家间转移的具体程序。八年后，刑事诉讼移管制度普遍得到绝大多数欧洲国家的认可和肯定，积累了相当丰富的司法实践经验，1972 年 5 月 15 日，欧洲国家签订了《欧洲刑事诉讼转移管辖公约》(*Convention on the Transfer of Proceedings in Criminal Matters*)，对欧洲国家之相互进行刑事管辖权转移必须遵循的基本原则、必备条件、法定程序等问题均作了全面、详细的规定，成为第一个专门规定刑事诉讼移转管辖具体事实的国际公约。在亚洲，苏联与捷克斯洛伐克、苏联与民主德国、民主德国与塞浦路斯、波兰与叙利亚缔结的双边司法协助条约中，均有刑事诉讼移管的相关规定。[1] 国家间刑事诉讼移管在欧洲、亚洲国家进入快速发展的时期。

需要特别提及的是比利时、荷兰和卢森堡三国和北欧理事会。比利时、荷兰和卢森堡三国的地理位置紧密相邻、文化背景极其相近、政治体制原则基本相同、经济条件大体相似。比利时、荷兰和卢森堡三国在第二次世界大战后即开始了经济领域的密切合作。1952 年 9 月 5 日，三国即制定了《关于关税和消费税的合作公约》。1958 年 2 月 3 日，又签订了《比荷卢经济联

---

〔1〕 费宗祎、唐承元：《中国司法协助的理论与实践》，人民法院出版社 1992 年版，第 211 页。

盟条约》。为实现经济联盟的宗旨，三国在其他各个领域均全面展开合作，1962 年 6 月 27 日通过《关于引渡和刑事互助条约》和 1968 年 9 月 26 日通过《关于执行刑事判决公约》，确立了完整的刑事司法合作的体系和格局。[1] 三国统一引渡规则，放弃边界控制，实行联合执法，允许对方国家的警察进入本方领土进行调查、拘留和逮捕等活动，在世界范围内树立了深度司法合作的典范，相互承认和执行对方作出的刑事判决。到目前为止，在全球也仅有这三个国家。1974 年，比利时、荷兰和卢森堡三国又签订了刑事诉讼移管公约。[2] 1962 年 3 月 23 日，北欧理事会（the Nordic Council）在赫尔辛基缔结了《丹麦、芬兰、冰岛、挪威、瑞典合作协定》；1970 年 2 月 6 日，北欧国家总检察员之间缔结了有关起诉犯罪的合作协定，并于 1972 年 10 月 12 日做了补充。1974 年 4 月 26 日，北欧国家缔结了刑事互助协定，据此确立了刑事司法合作的直接模式，北欧国家司法当局可以互相直接处理刑事事务（因事务性质或其他理由必须由外交部门处理的除外），要求北欧五国相互之间将他国的事务当作本国的事务来办理。凡在一国发生的犯罪案件，如果涉及另一个北欧国家，后一个国家将把这一事务视为本国事务来处理。这其中当然包括处理他国移交的诉讼案件。[3] 1981 年，瑞士将该公约经过立法转化为本国的国内法，即《联邦国际刑事协助法》，专门作出了刑事诉讼移交的具体规定。

在欧洲国家积极展开刑事诉讼移管司法合作实践的同时，

---

〔1〕 赵秉志：《国际区际刑罚问题探索》，法律出版社 2003 年版，第 252 页。

〔2〕 没有发生法律效力。

〔3〕 赵秉志：《国际区际刑罚问题探索》，法律出版社 2003 年版，第 257 页。

联合国逐步注意到刑事诉讼移转管辖的积极价值。1985 年,联合国讨论通过了《申根协定》(*Schengen Accord*),该协定着重强调了刑事诉讼移转管辖的重要性,明确要求每一个缔约国必须承诺在条件具备时即积极进行移管刑事案件的国际合作。西欧国家越来越重视刑事诉讼移管,荷兰在部长理事会上提出专门议案,简化刑事诉讼移管的程序,同时特别要求任何一个申根伙伴国在依法逮捕了另一个的国民之后都应当移交其国籍国审理,无须征求被逮捕人的意见。[1]《申根协定》的签订使刑事诉讼移管在国际社会产生了空前深远的影响。

1985 年 2 月 16 日,波兰与叙利亚在大马士革签订了《关于民事和刑事司法协助协定》,该协定第 49 条规定:“缔约双方应对方的请求有义务依其国内立法追究在对方领域内实施了重罪或轻罪的本国公民的刑事责任。为此,缔约双方应相互提供有关犯罪嫌疑人员、犯罪行为,自己所掌握的证据以及依犯罪实施地对所犯罪行应予适用的法律条文方面的材料。”1988 年,联合国又讨论通过了《联合国禁止非法贩运麻醉药品和精神药物公约》,该公约专门明确规定了一个“诉讼移交”的条款,即第 8 条规定:“缔约国应考虑对于按第三条第一款规定的犯罪的刑事起诉相互移交诉讼的可能性,如果此种移交被认为有利于适当的司法处置。”巴西奥尼教授主持起草的《国际刑事法庭草案》不仅确认了国家间进行刑事诉讼移管的必要性,而且规定了刑事诉讼移管应当遵循的基本原则。1990 年,联合国预防犯罪和罪犯待遇大会又讨论通过《关于刑事诉讼移管的示范条约》,联

---

[1] 赵秉志:《国际区际刑罚问题探索》,法律出版社 2003 年版,第 256 页。

合国要求世界各国积极展开刑事管辖权移转的司法合作，并签订了刑事诉讼移转的示范模式以供遵循。该条约计 15 个条款，内容涵盖刑事诉讼移管的基本原则、适用范围、程序、提交的文件、犯罪嫌疑人的地位、对受害人的权利保障和费用的承担等诸多方面，为世界各国缔结刑事诉讼移管条约或协议提供了一个较为完整的范本。刑事诉讼移管制度首次在联合国最高层次的文献中以专门文件的形式被确定下来。随后，又得到相关联合国文件的再次重申和肯定。例如，2003 年 9 月 29 日生效的《联合国打击跨国有组织犯罪公约》第 21 条规定："缔约国如认为相互移交诉讼有利于正当司法，特别是在涉及数国管辖权时，为了使起诉集中，应考虑相互移交诉讼的可能性，以便对本公约所涵盖的某项犯罪进行刑事诉讼。"2005 年 12 月 14 日生效的《联合国反腐败公约》第 47 条再次重申了国家间相互移交刑事诉讼的重要性。

至此，刑事诉讼移管在联合国的最高级别的国际公约中被稳固地确立下来。

在我国，关于刑事诉讼移管的理论研究起步较晚，但刑事诉讼移管的司法实践早在中华人民共和国成立之初即已进行。1949 年 12 月 25 日至 30 日，苏联滨海军区军事法庭审判了山田乙三等 12 名日本战犯，分别判处了 3 年至 25 年的徒刑。1950 年 2 月 1 日，苏联驻华大使史白夫向时任我国外交部副部长的李克农递交了外交照会，我国政府于 2 月 8 日发表外交照会，对苏联伯力审判以及作出的刑事判决予以承认。因日本战犯实施细菌战的犯罪实施地主要在我国境内，依据国家主权，我国对该案件拥有管辖权，但因新中国成立初期的特殊国情以及苏联已经实际控制细菌战战犯的实际，于苏联伯力审判之后以外交照会的方式默认了让渡我国对日本细菌战犯行使管辖权的事实，笔者认为，这是中华人民共和国成立后最早的刑事诉讼移管司法实践。属于下文将论述的不以明确的意思表示让渡管辖权，却以实际行动默认诉讼移管事实，承认对方作出的刑事判决法律效力的诉讼移管方式。

我国在相关的司法协助条约和引渡条约中确立诉讼移管制度起步于20世纪90年代初。1992年，我国与土耳其共和国签订了《中华人民共和国和土耳其共和国关于民事、商事和刑事司法协助的协定》，其中第39条规定了“诉讼的转移”，“缔约一方有义务根据请求，按照其本国法律，对于在提出请求的缔约一方境内犯罪的本国国民提起刑事诉讼”。我国与希腊共和国签订的《中华人民共和国和希腊共和国关于民事和刑事司法协助的协定》第41条规定：“缔约一方有义务根据请求，按照本国法，对于在提出请求的缔约一方境内犯罪的本国国民提起刑事诉讼”。1998年5月7日生效的《中华人民共和国和白俄罗斯共和国引渡条约》第5条规定，“不引渡本国国民的后果，被请求的缔约一方如果根据本条约第三条第（一）项拒绝引渡本国国民，在遵守本条约第二条规定的情况下，该方应根据请求的缔约一方的请求将该案件提交本国主管机关审理，以便根据被请求的缔约一方的法律对该国民提起刑事诉讼。为此目的，请求的缔约一方应向被请求的缔约一方移交与该案有关的文件和证据”。

在关于刑事诉讼移管的理论研究和与外国进行司法协助的基础上，我国于20世纪90年代后已经在进行诉讼移管的司法实践。1994 年,犯罪分子朱某金、赵某华、马某强、王某、牛某、洪某强、张某骥在俄罗斯境内实施抢劫我国公民的刑事犯罪,后被俄罗斯警方逮捕,俄罗斯警方依法收集了相关的犯罪证据。嗣后,我国与俄罗斯针对该案经过协商最终达成共识,考虑到该案大量的、主要的犯罪证据在我国境内,中方处理该案会更有利于案件调查取证;且犯罪分子均为中国国民,中方审判该案将便于执行生效的刑事判决,最终俄罗斯警方将该案移交我国。2003 年,我国大陆某地男青年张某与我国台湾地区女青年王某某在法国巴黎求学期间相识、相知,经过一段时间的交往,互生好感后发生争执、分歧,最终该男青年张某在巴黎杀害了王某某偷渡回原籍。案发后,法国警方很快查明犯罪嫌疑人张某已经回到中国。经过中国大陆警方、法国警方以及中国台湾地区警方的交涉,法国同意将在其本土内发生的依法享有管辖权的命案移交大陆管辖,并及时向大陆公安部门移交了杀人现场遗留的物品、痕迹、图片、目击证人的证言及辨认照片的记录、张某和王某某同学的证言、张某出入境的记录等相关的证据。上述证据或证据资料,取证的主体,不是我国的司法机关和司法人员,而是法国警方及其警员,我国的司法人员均没有参与审查证人的资格、提取证言、物证等过程,更无从监督。我国某省的中级人民法院经过层报中央司法机关,在依据我国《刑事诉讼法》进行审查后,承认法国移交证据的证明效力,视同我国司法机关及其工作人员的取证,以法国警方移交的证据为定案根据认定张某犯故意杀人罪判处张某相应的刑事处罚。宣判后,法国警方以及中国台湾地区警方反映较好。

由上可见,国际上关于刑事诉讼移管的相关协定、条约可谓形式多样。既有区域性的国际公约,又有全球性的国际条约;既有专门的规定,又有散见于司法协助、引渡条约中的条款;既有多边条约又有双边协定。在内容上,既有宣言式的约定,又有具体的程序规定。这为我国与国际社会顺利展开刑事诉讼移管提供了良好的范本。就我国与外国签订的刑事司法协助条约、协定和引渡条约而言,有的是明确规定了"刑事诉讼的转移"的条款,如《中华人民共和国和土耳其共和国关于民事、商事和刑事司法协助的协定》[1],《中华人民共和国和白俄罗斯共和国引渡条约》;有的是明确规定了本条约不适用于"刑事诉讼的转移",如《中华人民共和国和新西兰关于刑事司法协助的条约》《中华人民共和国和澳大利亚关于刑事司法协助的条约》;[2]还有的规定了本条约适用于"不违背被请求方法律的其他形式的协助",如《中华人民共和国和西班牙王国关于刑事司法协助的条约》《中华人民共和国和葡萄牙共和国关于刑事司法协助的协定》。[3] 虽然对"不违背被请求方法律的其他形式的协助"的外延没有加以明确,但是,我们有理由相信应当包括刑事诉讼移管。从上述条约或协定的名称看,可以得出这样的结论:我国尚没有与任何一个国家专门签订刑事诉讼移管方面的专题条约,换言之,我国现有的关于刑事诉讼移管方面的条约或司法互助协议均体现在双边司法协助条约或引渡条约中,尚未形成比

---

〔1〕 赵永琛编:《国际刑法约章选编》(上),中国人民公安大学出版社1999年版,第841~843页。

〔2〕 中华人民共和国外交部条约法律司编:《刑事司法协助条约和移管被判刑人条约集》,世界知识出版社2009年版,第535~575页。

〔3〕 中华人民共和国外交部条约法律司编:《刑事司法协助条约和移管被判刑人条约集》,世界知识出版社2009年版,第465~493页。

较完整的独立体系。从已经规定“刑事诉讼的转移”条款的内容看,刑事诉讼移管仍然被作为引渡不能和本国公民不引渡的替代措施出现,这种状况需要我们对刑事诉讼移管做进一步的研究和完善。

CHAPTER 01 >>

第一章

刑事诉讼移管概论

第一节 刑事诉讼移管的性质

刑事诉讼移管是一种相对比较新型、层次较深的司法协助方式，与其他司法协助方式相比较而言，产生较晚，于20世纪50年代率先在欧洲建立。随后，才逐渐得到国际社会的肯定和认可。20世纪90年代初，我国法学界才对其进行比较深入的研究，并在我国与土耳其、希腊等国签订的双边条约、互助协定中逐渐被确定下来。

“刑事诉讼移管”的英文表述为“transfer of criminal proceedings in criminal matters”，区别于“transfer of persons”，国内有学者将其翻译为刑事诉讼程序的移交、刑事诉讼的移交、刑事案件的移交、刑事诉讼移管等。

一、学界的诠释

学术界关于刑事诉讼移管的诠释有很多种，主要有：

观点1，陆晓光教授在《国际刑法学概论》一书中认为，诉讼移管的基本含义是指：甲国司法机关发现乙国公民在甲国境内有触犯甲国刑律的罪行后逃往乙国，而乙国法律又禁止向外国引渡本国公民，或者由于罪行较轻，甲国认为诉诸引渡程序费时费力，得不偿失，或者由于案件的主要知情人或证据在乙国，因而在乙国进行诉讼更有利于查清案件事实。在上述情况下，甲国司法机关根据双方进行司法协助的协定或者互惠原则，将本来属于自己管辖范围的案件，交给乙国管辖。〔1〕

观点2，赵永琛教授在《国际刑法与司法协助》一书中提出：所谓刑事诉讼移转管辖，就是指一国将本应由其管辖的刑事案件委托他国进行刑事诉讼管辖的一种程序。一国将刑事案件转移给他国诉讼的过程实际上就是国家转让管辖权的过程。它不同于国家内部各司法机关之间的移转管辖。〔2〕

观点3，学者张智辉提出，刑事诉讼移管是涉外刑事诉讼转移管辖的简称，是指对犯罪有管辖权的一国出于某种原因，不能进行或完成追究该犯罪的刑事责任的刑事诉讼活动时，将案件

---

〔1〕 陆晓光：《国际刑法学概论》，中国政法大学出版社1991年版，第170页。

〔2〕 赵永琛：《国际刑法与司法协助》，法律出版社1994年版，第273页。1997年公安大学已故王铮副教授在《国际警务合作中的刑事诉讼移转管辖》一文中也提出类似观点，载《公安大学学报》1997年第4、5期。

移交给另一国管辖的活动。[1]

观点4,赵秉志教授等人在《跨国跨地区犯罪的惩治》一书中主张,国际刑事案件移交通常称作刑事诉讼移管,它是指一国的司法主管机关,应有管辖权的他国有关主管机关之请求,根据国际法和本国法的有关规定,对在他国犯有某种罪行的本国公民进行追诉的一种司法合作制度。[2]

观点5,黄风教授等人在《国际刑法学》一书中认为,刑事诉讼移管是指:一国或数国根据另一国的请求或者根据有关的协议将由本国管辖的刑事案件移交给另一国审理,并为此向该国提供必要的司法协助。[3]

二、刑事诉讼移管的内涵

上述五种有代表性的观点,各位论者剖析和切入的角度不同,界定的侧重点也有区别,但均在一定程度上揭示了刑事诉讼移管的基本内涵。如观点1指出:刑事诉讼移管的基本含义是甲国"将本来属于自己管辖范围的案件,交给乙国管辖"。观点2指出:诉讼移管"实际上就是国家转让管辖权的过程"。观点3认为:诉讼移管系一国在"不能进行或完成追究该犯罪的刑事责任的刑事诉讼活动时"才进行的案件移交。观点4认为:被请求国可以"根据国际法和本国法的有关规定"进行审理。观点5

---

〔1〕 张智辉:《国际刑法通论》,中国政法大学出版社1999年版,第369页。

〔2〕 赵秉志等:《跨国跨地区犯罪的惩治》,海南出版社1996年版,第20页。

〔3〕 黄风、凌岩、王秀梅:《国际刑法学》,中国人民大学出版社2007年版,第332页。

则更进一步提出,请求国"并为此向该国(被请求国)提供必要的司法协助"。

然而,上述五种观点有诸多值得推敲之处。首先,是否必须在刑事诉讼移管的概念中明确界定被追诉对象的国籍,值得推敲。追溯源头,刑事诉讼移管正式在欧洲建立初始,确实是作为被请求国拒绝引渡本国公民的替代措施出现,突破被请求国不引渡本国公民的障碍而创设,但是,时过境迁,刑事诉讼移管在预防和惩处跨国有组织犯罪、恐怖犯罪、环境犯罪、反腐败犯罪等侵害全人类利益的犯罪过程中发挥的作用日益巨大,逐渐为国际社会认可、推介,在具体的司法合作实践中,被追诉对象已不再局限于"本国公民",如涉毒案件、恐怖犯罪案件等,无论被追诉人是外国人或无国籍人,相关被请求国均应当进行刑事诉讼移管合作。其次,是否必须在刑事诉讼移管的概念中明确规定被请求国依据"委托"取得案件的管辖权,亦值得推敲。当下,日益增多的主权国家出于维护国家长远利益、国际社会整体利益的需要,已经签订或加入了诸如打击跨国有组织犯罪、环境犯罪的国际条约。在一定范围内,可以认为,依据现行的国际法或国际条约,主权国家对特定的国际犯罪一般都享有刑事管辖权。[1] 如果被请求国对移交案件本身就享有刑事管辖权,再定位成依据请求国的"委托","代为"行使管辖权则不合情理。因为依据"代理管辖"原理,被请求国对该犯罪提起诉讼,其管辖权来源于请求国的"委托授权",被请求国是接受委托、代理他

〔1〕 按照林欣的观点,国际法中的刑事管辖权可以分为两类:一类是国际法承认的,根据国内法享有的刑事管辖权;另一类是根据国际法和国际条约享有的刑事管辖权。

国行使的,没有委托就不能行使管辖权。显然,“委托代理”排除了被请求国享有管辖权而仍然接受移交的情形。[1] 最后,以上诸观点没有对刑事诉讼移管的性质作出统一的界定。它是一种诉讼程序、诉讼活动,抑或一种国际刑事司法合作制度? 各有说词。笔者认为,刑事诉讼移管是国家间司法合作的一种国际刑事司法合作方式,侧重于诉讼程序,但还涉及案件实体问题如证据的移交、适用的法律、合法权利的维护等,不仅为刑事诉讼程序所能涵盖,属于内涵深邃,外延广泛的国际刑事诉讼法框架中的管辖制度范畴。在最广义的刑事司法协助领域,它是一种最深层次的国际刑事司法合作方式,与狭义的刑事司法协助形式、引渡、被判刑人的移管、外国刑事判决的承认和执行等相并列。在国际刑事诉讼法框架中,系属一种具体的刑事诉讼管辖制度,类似于一国国内刑事诉讼法规定的转移管辖制度。只不过是前者必然发生在不同主权国家的司法机关之间,而后者则局限于一国之内的司法机关之间。

综上,笔者认为,刑事诉讼移管是指一国在特定情况下,将刑事案件移交给他国行使刑事管辖权的一种国际刑事司法合作方式。它的基本内涵和核心是刑事管辖权的让渡,移管输出国让渡了对特定刑事案件的刑事管辖权,与此相对应,移管接受国则取得了对特定刑事案件的刑事管辖权;其内涵还包括移管输出国负有提供一定司法协助的义务,以及承认和执行移管接受国就该案件所作出的刑事判决的义务;移管接受国负有通报诉

---

〔1〕 被请求国享有刑事管辖权,但尚未行使,为了及时追诉犯罪,也可以考虑进行刑事诉讼移管。

讼结果的义务。刑事诉讼移管与一个主权国家内部的司法机关之间的移转管辖案件不同,前者的主体是不同国家的司法机关,至少涉及两个国家,即移管请求国和移管被请求国,因此,前者涉及国家主权、司法权的深层次问题。刑事诉讼移管适用的法律既包括请求国和被请求国之间业已签订的相关的包含刑事诉讼移转管辖的刑事司法互助条约或协定,乃至国际条约,在未签订任何相关条约或协定的情况下,就个案达成一致的协议,也可以成为诉讼移管的法律依据,当然,无论是移管请求国还是移管被请求国根据国际法和本国法的有关规定作出决定也是司法主权的应有之义。

在国际刑事司法协助架构中,刑事诉讼移管与引渡、狭义刑事司法协助、承认和执行刑事判决、被判刑人移管相并列,共同构成国际刑事司法协的四个范畴,均属于一种具体的刑事司法协助形式,其突出的不同之处在于诉讼移管当事国明确让渡了对相关刑事案件的刑事管辖权。

第二节　刑事诉讼移管的基本特征

关于刑事诉讼移管的特征,有学者提出三特征说,即“刑事管辖权的转移是国家主权转让的一种形式;它产生了新的刑事管辖原则;它属于深层次的国际刑事合作”;[1]也有学者提出四

〔1〕 王新清:《刑事管辖权的国际转移》,载找法网2011年4月6日,http://www.findlaw.cn。

特征说，即“国家公共秩序的保留是国际刑事诉讼移转管辖的显著特征；刑事诉讼移转管辖符合现代刑事诉讼发展需要；刑事诉讼移转管辖的主体具有特定性；适用的法律具有跨国性”。[1] 还有学者提出五特征说，即“对转移诉讼的案件，请求国应有管辖权，而被请求国则本无管辖权或未行使管辖权；请求国应允许被请求国行使必要的管辖权；被请求国完全有权依照本国法律提起刑事诉讼和审判，不受请求国法律的约束；被请求国根据请求国的请求对某一罪行提起诉讼后，请求国不得在对同一罪行提起诉讼；转移诉讼是管辖权的转移，而不发生人犯的转移”。[2] 根据《现代汉语词典》[3]的解释，特征是指可以作为事物特点的征象、标志等。据此，所谓刑事诉讼移管的特征应该是可以代表刑事诉讼移管特点的征象、标志，可以用来区别其他相关的概念。对此，笔者赞同上述刑事管辖权的转移是国家主权“让渡”的一种形式；适用的法律具有跨国性等论述，但主张对概念本身的应有之义、诉讼移转的条件、诉讼移转的效力、诉讼移转本身的意义等，应与概念的特征相区别。在此意义上，笔者认为刑事诉讼移管具有如下明显的基本特征。

一、刑事管辖权的让渡

正如赵永琛教授所言：“一国将刑事案件转移给他国诉讼

---

〔1〕 成良文：《刑事司法协助》，法律出版社 2003 年版，第 120～121 页。

〔2〕 柯葛壮：《国际刑事司法协助各论》，载《政法论坛》1996 年第 4 期。

〔3〕 《现代汉语词典》，商务印书馆 2002 年版，第 1235 页。

的过程实际上就是国家转让管辖权的过程。"[1]被请求国接受移转请求后,请求国即转让了对该案件进行侦查、起诉、审判、执行的司法权力,被请求国即获得了完整的排他的刑事管辖权,有权依照国际法和本国法行使国家管辖权。与此同时,请求国不得再对该案件进行侦查、起诉、审判、执行等活动,国际法规定的属地、属人、属时管辖权也失去效力,而且请求国还应当承担相应的司法协助义务,包括主动移交有关被告人曾在请求国犯罪的有关证据、相关材料;当被请求国提出某项具体的狭义的司法协助时,如送达文书、调查取证、搜查、扣押、鉴定等,请求国有义务给予支援和协助。当然,请求国仍然享有采用立法和行政方法管辖犯罪的国家权力。

二、法律适用的多重性

在刑事诉讼移转管辖中,至少有请求国和被请求国两个国家,而且请求国对移交的案件享有刑事管辖权。这里涉及国际法中的刑事管辖权(criminal jurisdiction)问题。就管辖权的性质而言,国际法中的刑事管辖权可以分为两大类:一类是国际法承认的,根据国内法享有的刑事管辖权。行使这类刑事管辖权只适用国内刑法,不适用外国刑法。另一类是根据国际法和国际条约享有的刑事管辖权。行使这类刑事管辖权,适用国际法,包括国际刑法。[2] 因此在确定请求国对移交的案件是否享有

〔1〕 赵永琛:《国际刑法与司法协助》,法律出版社1994年版,第273页。

〔2〕 林欣:《国际法中的管辖权》,法律出版社1988年版,第2~3页。

刑事管辖权时就已经涉及国际刑法、国际条约和请求国国内法（主要是国内刑法）。另外，诉讼移转管辖适用的程序、范围、条件等还要视国家间是否签订司法协助的协定或国际条约而定，个别移交案例还可能存在两国就特定案件临时达成的个案协定。再则，如果被请求国接受诉讼移转，即获得依照国际法和本国法行使管辖权的权力，简言之，被请求国有权依据国内刑法和国际法自由行使刑事司法权，而不受请求国法律的约束。这时又涉及被请求国的国内刑法。

三、移管方式的刑事司法属性

国家间刑事诉讼移管主要发生在国家与国家之间，尽管在国家与某些国际组织之间，如国际特别刑事法庭、国际刑事法院等之间也可能发生刑事诉讼移管，但两者适用的诉讼规则会有所区别。然而这不影响刑事诉讼移管属于国际刑事诉讼法中的诉讼管辖制度的范畴。在国际刑事诉讼法框架中，刑事诉讼移转管辖在诉讼制度体系中处于不可或缺的基础地位，属于确定刑事管辖权的范畴，受到国际刑事诉讼法的调整，并遵循国际刑事诉讼的一般原则。它以特定的刑事诉讼程序为前提，通过当事国的刑事司法体制来实现惩处犯罪和保障当事人人权的诉讼价值，在具体的司法合作过程中，还遵循刑事诉讼中无罪推定和保障人权等刑事诉讼基本原则，因此，刑事诉讼移管的刑事司法属性非常突出。

第三节　刑事诉讼移管的类型

刑事诉讼移管作为一种深层次的、直接关乎刑事管辖权让渡的刑事司法协助方式，国内学术界对之研究较少，为了对其进行全面、系统、深入的研究，笔者拟以不同的标准对诉讼移管作全面的分类，目的在于明晰诉讼移管双方或多方的权利和义务，诉讼移管对各方产生的法律效力等，借以保障诉讼移管的顺利进行，促进实现诉讼移管的宗旨和诉讼目的。

一、国际移管和区际移管

依据进行诉讼移管的主体，可以分为国际移管和区际移管。国际移管是在主权国家、国际组织间进行的，依据逻辑上的组合还可以分为国家间诉讼移管、国家与国际组织间诉讼移管以及国际组织间诉讼移管。实践中还包括主权国家内的非主权法域依照中央政府的授权与其他主权国家、国际组织进行的诉讼移管。如香港回归我国之前，依据《英联邦移交逃犯的安排》进行的诉讼移管。国际组织与主权国家之间进行的诉讼移管，如国际刑事军事法庭将一些战犯移交主权国家进行审判。区际移管一般发生在同一主权国家内的不同法域之间，如我国内地（大陆）、香港特区、澳门特区和台湾地区之间进行的移管。

诉讼移管的主体不同，遵循的基本原则、规则和主体之间的权利和义务大不一样。如国际移管一般适用“国家主权原则”

“双重犯罪原则”“死刑不移管原则”等，而区际移管对上述基本原则则可以灵活运用和掌握，如我国区际诉讼移管则以“一国两制”为政治纲领，摒弃“国家主权原则”、不适用或者限制适用“死刑不移管原则”。

二、明示移管和默示移管

根据移管主体意思表示的形式为标准，可以分为明示移管和默示移管。以明确的、明白的诉讼移管意思表示形式进行的为明示移管，不以明确的意思表示但却以实际行动默认移管事实，承认刑事判决法律效力的为默示移管。

区分明示移管和默示移管的意义在于明示移管有利于在事前规范移管的运作，有利于事前明晰各自的权利义务，便于移管的顺利进行，便于逐步实现移管规范化、制度化，便于解决管辖权的冲突问题。默示移管的默示方以承认或者执行对方已经作出的刑事判决为必要要件，重点在于一方事后对事前发生状况的追认，容易滋生新的管辖权冲突问题。

三、输出移管和输入移管

根据刑事诉讼移管所涉刑事案件最终归谁管辖的客观实际，笔者拟将实际向外国或其他法域移交案件的称为输出移管，接受外国或者其他法域移交案件的称为输入移管。刑事诉讼移管至少发生在两方之间，即请求方和被请求方之间。在国家间刑事诉讼移管情形下为请求国和被请求国，在区际刑事诉讼移管情形下为请求法域和被请求法域。从请求的内容看,请求方可能发出向外移交案件请求,也可能是要求他方向自己移交案件。通常将发出请求的一方叫作请求方,对方叫作被请求方,被请求方的意思表示也可能是向外移交案件或者同意接受移交案件。因此,根据刑事案件最终管辖的客观实际,分为输出移管和输入移管。

区分输出移管和输入移管的目的在于明确输出方和输入方应当进行的不同的司法协助活动,分清各自的权利义务,明晰分别遵循的移交规则等。

第四节 国家间刑事诉讼移管与邻近制度

国家间刑事诉讼移管与引渡、刑事司法协助、被判刑人移管同属国际刑事司法协助领域的重要形式,国家间刑事诉讼移管与引渡、刑事司法协助、被判刑人移管分别具有一些共同之处,但又有自己的特质,其优点可以弥补后三者的不足。总体上,它们相互依存,互相配合。国家间刑事诉讼移管与区际刑事诉讼移管也有诸多共同点,区际刑事诉讼移管在坚持自己特质的同时,可以借鉴、吸收国家间刑事诉讼移管的合理因素。

一、刑事诉讼移管与引渡

引渡(extradition)是指一个主权国家将在其本国境内而被他国指控犯有罪行,或者已判处刑罚的人,根据他国的请求,按照有关引渡国际公约、双边条约以及其他有关的法律规定，移交他国提起诉讼、审判或执行刑罚的一项制度。[1] 由于一国不能在他国行使管辖权，所以当犯罪分子从犯罪地国逃亡他国时，犯罪地国则不得不借助于他国的协助，使犯罪分子在犯罪地国受到审判或惩罚，因此引渡对于控制和惩处国际犯罪、跨国犯罪具有重要作用。

（一）国家间刑事诉讼移管与引渡的相同之处

国家间刑事诉讼移管与引渡有诸多相同之处并存在密切联系。

第一，在性质上，国家间刑事诉讼移管与引渡均属于刑事司法协助的具体形式。有学者以刑事司法协助的范围为标准将刑事司法协助分为“狭义的、广义的、最广义的司法协助”。[2] 狭义的刑事司法协助又称为小刑事司法协助、初级司法协助，其内容包括诉讼文书送达、调查取证、信息通报、协助作证、认证等最基础的协助形式。广义的刑事司法协助包括狭义的刑事司法协助另加引渡。最广义的司法协助是广义的刑事司法协助另加上外国刑事判决的承认和执行、刑事诉讼移管、执法合作等。《比利时、卢森堡、荷兰刑事互助公约》将刑事司法协助分为四种：“1. 文书送达、调查取证、情报通报等；2. 引渡；3. 外国刑事判决的承认和执行；4. 刑事诉讼转移管辖。”[3] 可见，刑事诉讼移管与引渡均隶属于国际刑事司法协助的范畴，是主权国家进行国

[1] 赵永琛：《国际刑法与司法协助》，法律出版社 1994 年版，第 188 页。
[2] 黄肇炯：《国际刑法概论》，四川大学出版社 1992 年版，第 205 页。
[3] 成良文：《刑事司法协助》，法律出版社 2003 年版，第 11 页。

际刑事协助的重要形式，从实质内容看，是一国司法权的域外延伸，又是相关国家司法权的让渡或放弃，因其在国家外交、国家间合作预防和惩处国际犯罪、跨国犯罪等领域日益显现出重要的司法价值，国际刑法理论以及国际刑事诉讼实践对二者均给予了高度的关注。

第二，在起源上，国家间刑事诉讼移管与引渡属于源流的关系。国际社会最早的司法协助形式是引渡，进而出现了与引渡密切有关的调查取证和文书送达等狭义的刑事司法协助形式，在其后才出现外国刑事判决的承认和执行、执法合作、刑事诉讼移管等广义、最广义的刑事司法协助形式。例如，在欧洲，1957年签订了《欧洲引渡公约》，1959 年签订了《欧洲刑事司法互助公约》，1964 年签订了《欧洲缓刑犯与假释犯监督公约》，1970年签订了《欧洲刑事判决的国际效力公约》。1992 年《马斯特里赫特条约》将刑事司法合作和警务合作作为欧盟成员国间合作的"第三支柱"，2007 年《里斯本条约》规定可以直接实行包括直接移管案件在内的超国家的合作。可见，国家间刑事诉讼移管是在引渡的基础上逐步发展而来的。

第三，在衔接上，刑事诉讼移管可以弥补引渡的天然缺陷。引渡的缺陷之一是大多数国家的引渡法中均规定了本国公民不引渡原则，当一个犯罪分子在犯罪地国作案后逃回国籍国，当犯罪地国提出引渡该犯时，犯罪分子国籍国有理由予以拒绝，犯罪地国因此无法实现对该犯的刑事管辖权。缺陷之二是许多国家都实行引渡条约前置主义，必须以存在引渡条约为先决条件；反之，引渡则无从谈起。虽然近年来引渡条约前置主义有所松动，一些国家的引渡法摒弃了该规定，但条约前置往往还是一些国家拒绝他国引渡请求最坚决的理由。当被请求引渡人是被请求国的国民，且两国之间没有签订引渡条约，在引渡被请求国不能接受请求国的引渡请求时，请求国则可以通过刑事诉讼移管的方式要求被请求国对被追诉人提起刑事追诉。从这个意义上，可以说刑事诉讼移管是对引渡缺陷的最恰当的弥补，或者说刑事诉讼移管是引渡的替代措施。[1] 另外，刑事诉讼移管也会与引渡并存，如果移管输出国同意将刑事案件移交移管接受国，移管输出国则可以将在本国被拘捕的犯罪分子一并通过引渡的方式移交给移管接受国，简言之，将被追诉人和刑事案件同时移交。这种情况应当认为是两种刑事司法合作制度的并存，刑事诉讼移管和引渡的规则对各方均产生约束力。[2]

第四，在操作上，刑事诉讼移管与引渡可以适用相同的原则和规则。有些国家缔结的条约将"可移管之罪"等同于"可引渡之罪"，例如，在欧洲理事会的国家，"可移管之罪"包括重罪与轻罪。[3] 在刑事诉讼移管中，被追诉人也可能是犯有可移管之罪的被请求国的公民或特定关系人。刑事诉讼移管与引渡还遵循共同的原则，如当被指控的行为根据请求国的法律也同样构成犯罪时，被请求国才能同意或接受移管、引渡，即"双重犯罪"原则；如果被指控的犯罪属于政治犯罪、军事犯罪、或者该犯罪是在请求国管辖权犯罪之外实施的，被请求国可以拒绝实施移

〔1〕 黄风：《国际刑事司法合作的规则与实践》，北京大学出版社2008年版，第182页。

〔2〕 黄风：《国际刑事司法合作的规则与实践》，北京大学出版社2008年版，第182页。

〔3〕 甘雨沛、高格：《国际刑法学新体系》，北京大学出版社2000年版，第392～393页。

管、引渡的请求。[1]

如前所述，刑事诉讼移管与引渡均涉及国家主权，世界各国都十分谨慎，往往通过双边条约、协议等予以明确的规定。

（二）国家间刑事诉讼移管与引渡的区别

刑事诉讼移管与引渡又是两种不同的刑事司法协助形式，它们之间的区别主要表现在以下三个方面：

第一，刑事诉讼移管是交"权"，引渡是交"人"。国家间刑事诉讼移管的协议一旦形成，对请求国和被请求国均产生强制性的法律效力，其中，对请求国而言，其完成了刑事案件和刑事管辖权移交的过程，则不得针对移管协议中列举的罪行再行侦查、起诉、审判和执行程序，被追诉人不得因同一行为在被请求国接受审判，或惩罚后再次受到请求国的追诉，换言之，刑事诉讼移管所发生的最突出的法律效力是"一事不再理"。只有在被请求国发生重大的、严重危害请求国的主权、尊严等情形时，请求国可以重新依照本国法再次对该案进行追诉，以彰显本国的司法主权。赵永琛教授认为这是请求国恢复诉讼权的一种方式，叫作"复诉权"。而在引渡过程中，请求国和被请求国关注的焦点在于是否移交被请求引渡人，被请求国审查引渡请求时着重审查引渡请求是否符合引渡的原则、条件和程序，简言之，是否同意交"人"。为此世界各国的引渡法均规定了各种拒绝引渡的理由，如我国《引渡法》第 8 条规定，在收到引渡请求时，中华人民共和国的司法机关对于引渡请求所指的犯罪已经作出

---

〔1〕 黄肇炯：《国际刑法概论》，四川大学出版社 1992 年版，第 237 ~ 239 页。

生效判决,或者已经终止刑事诉讼程序的,应当拒绝引渡。《中华人民共和国和俄罗斯联邦条约》第 3 条第 4 款规定:“在收到引渡请求前,被请求的缔约一方主管机关已对被请求引渡人就同一罪行作出发生法律效力的判决,或者已经终止有关的刑事诉讼程序的”也应当拒绝引渡。

第二,引渡条约往往对可以引渡的罪行规定了一个限制性规定或标准。例如,关于可以引渡的案件范围的限制,设置了“最低刑罚标准”,规定只有当罪行达到一定量的标准时,才属于可以引渡的案件的范围,这个量的标准可以通过刑罚来衡量,包括法定刑标准、宣告刑标准和剩余刑标准。对于超出此标准或未达到此标准的犯罪行为,则不适用引渡。这意味着对于一些轻微的刑事案件没有必要诉诸引渡。因为引渡是耗时费力(财力、人力等)的“苦差事”。而在诉讼管辖中,对一些轻微的刑事案件,相关国家则积极主张诉讼移管,这种限制却并不存在。例如,欧盟国家出于诉讼经济、节约司法资源方面的考虑,甚至更愿意把诉讼移管适用于一些轻微的刑事案件上,如只需判处罚金刑的道路交通犯罪和某些轻微的违警罪等。

第三,适用的法律基础不同。在通常情况下,引渡请求国与被请求国一般依据双方签订的引渡条约、协议提出引渡请求、审查、决定是否同意引渡被追诉人,换言之,引渡条约前置主义是当事国往往坚持的惯例;而刑事诉讼移管的当事国在进行案件移交时则比较灵活,即便当事国间没有签订刑事诉讼移管的条约、协议或者包含刑事诉讼移管的条约、协议,只要当事国间能够达成移交案件的共识,即可移交案件,不以存在诉讼移管条约为前提,具有较大的灵活性,当事国间互信、协作的“色彩”显然可见。

二、刑事诉讼移管与被判刑人移管

被判刑人移管(Transfer of Sentenced Person)在我国国内学术界有不同的称谓,如“外国囚犯移交”“被判刑人移交”“被判刑人转移”等,它是指一个主权国家将在本国已经受到刑事审判的被判刑人移交给他国执行刑罚。其基本含义包括:(1)将在本国(判刑国)被判刑的人移交给另一国(执行国)执行刑罚。[1] (2)移管的对象具有执行国国籍或者与执行国有密切联系的自然人。[2] (3)判刑国的刑事判决已经发生法律效力。(4)移管的目的在于让被判刑人能够在本国服刑。换言之,被判刑人移管是“判刑国”作出生效的刑事判决与“执行国”承认和执行“判刑国”生效判决的一种形式。[3]

(一)国家间刑事诉讼移管与被判刑人移管的相同之处

国家间刑事诉讼移管与被判刑人移管具有诸多相同点并且存在密切的联系。

第一,二者均属于刑事司法活动。刑事司法活动是一个国家的司法机关依照本国宪法、法律赋予的刑事司法权,将刑事法

---

〔1〕 黄风:《国际刑事司法合作的规则与实践》,北京大学出版社 2008 年版,第 196 页。

〔2〕 对移管对象具有执行国国籍没有分歧,但对长期居住在执行国的被判刑人或称与执行国有密切联系的人是否可以移管存在争议。

〔3〕 赵永琛:《国际刑法与司法协助》,法律出版社 1994 年版,第 31 页。

律应用于具体刑事案件进行侦查、起诉、审判、执行的活动。然而，一国的司法机关行使刑事管辖权的前提是对该刑事案件拥有管辖权，无论该管辖权是依照本国的国内法固然享有的还是他国委托代理产生的，抑或依照国际刑事法产生的。当国家间刑事管辖权发生冲突时，国家间刑事诉讼移管制度可以解决一国的司法机关对相关刑事案件行使侦查、起诉、审判、执行职能的前提问题，解决管辖权的归属问题，因此，国家间刑事诉讼移管具有刑事司法的属性。判刑国作出的刑事判决生效后，执行国接受被判刑人回本国服刑，实质上是判刑国生效判决在执行场所、监管规则等方面的变更，由原来适用判刑国的法律演变为适用执行国的执行法律，但这不妨碍仍然属于执行刑事判决的刑事司法活动性质。

第二，二者相辅相成。在诉讼移管当事国间移交案件之后，移管接受国作出了生效的刑事判决，输出国出于尊重接受国司法主权的考虑，一般不会对被判刑人的执行事宜提出过分要求，接受国在国内执行依照本国刑事法作出的生效刑事判决也是行使本国刑事司法主权的应有之义。但是，不排除在输出国与接受国在进行刑事诉讼移管过程中就被判刑人的刑罚执行问题达成协议，或者在事后仅就刑罚执行问题事宜达成一致协议。从理论层面看，这种可能性也为国际刑事司法实践所证实。客观而言，国家间进行刑事诉讼移管的障碍较多，很难开展，笔者认为，移管输出国与接受国以移交被判刑人的形式或称附条件，积极寻求解决刑事管辖权冲突问题的途径可以收到良好的效果。换言之，被判刑人移管对于解决刑事管辖权冲突问题具有的积极意义不可忽视。

第三,二者均适用本国法。在移管输出国与接受国间移交案件后,输出国即丧失了对该刑事案件的司法权,不得再行使侦查、起诉、审判、执行的权力,接受国获得了完整的司法主权,有权依照本国国内法独立自主的行使刑事司法权。除向请求国通报审判结果以及履行其他承诺以外,接受国完全不受输出国法律的约束。同样,判刑国在移交被判刑人之后,即丧失了对该被判刑人的刑罚执行权、监管权;反之,执行国获得了依照本国国内法执行判刑国生效刑事判决的权力。如果判刑国对被判刑人科处的刑罚与执行国法律规定的刑罚属于不同的种类,执行国则有权依据本国国内刑事法将判刑国确定的刑罚转换成本国的刑罚种类,而且,这种转换应当依据执行国的刑事法进行。在刑罚转换之后,执行国将完全依照本国国内法(监狱法)执行。因此,在国家间刑事诉讼移管与被判刑人移管中,接受国、执行国在完全适用本国国内法、排斥适用输出国、判刑国法方面具有相似之处。

（二）国家间刑事诉讼移管与被判刑人移管的区别

国家间刑事诉讼移管与被判刑人移管之间的区别也是很明显的。

第一,体现在移管的目的上。从全球层面看,国际社会形成国家间刑事诉讼移管制度的目的在于有效惩处国际犯罪、跨国犯罪和保障当事人的人权,维护国际社会的共同秩序和共同利益。从主权国家层面看,在于实现国家对具体刑事案件的侦查、起诉、审判和执行职能,维护国家利益。而在被判刑人移管过程中,判刑国将已经在本国受到刑事审判的被判刑人移交给执行国往往是出于恢复性司法的考量,方便被判刑人接受教育和改造,有助于刑满后能够顺利重新回归社会,这符合现代刑罚理念所倡导的教育刑主义和人道主义原则。

第二,体现在"权力"的保留上。如前所述,在移管输出国与接受国间进行刑事诉讼移管之后,对输出国而言,基本不存在对该刑事案件管辖权的保留问题,否则,刑事诉讼移管将难以成功。然而,在对被判刑人实行移管后,情形则大不一样,虽然执行国取得了对被判刑人的刑罚执行权、监管权,执行刑罚活动由执行国全权负责,但是,判刑国却仍然保留着决定某些事项的权力,如重审权、改判权等,执行国在处理减刑、假释等变更原判刑罚时也需尊重判刑国的判决效力。为此,相关的国际条约均明确地为判刑国保留了一项"专属权利",只有判刑国才拥有对刑事判决的变更权。例如,《欧洲被判刑人移管公约》第 13 条规定,"仅判刑国有权决定任何复查判决的申请"。联合国《关于外国囚犯移管的示范协定》第 17 条规定,"执行国应受判刑国所作判决书上所有事实结论的约束,因此,只有判刑国有权审查判决"。联合国《缓刑和假释的监督移管示范协定》第 12 条也规定,"只有判刑国有权就再审案件的申请作出决定"。

第三,体现在是否需要当事人的同意上。在移管输出国与接受国间移交刑事案件的过程中,被追诉人一般处于被追诉的被动地位,一般不考虑被追诉人的意见。因为国家间进行刑事诉讼移管的主要目的在于实现预防和惩处国际犯罪、跨国犯罪的任务,在当前国际犯罪、跨国犯罪形势非常猖獗的国际形势中,有必要更加突出惩处犯罪的刑罚功能。而移管被判刑人的目的则不同,在于方便被判刑人回归社会。被判刑人移管是在刑事判决生效后,已经基本实现了惩处国际犯罪、跨国犯罪的任务之后进行的司法合作。因此,被判刑人是否同意具有决定性的意义。

第四,体现在移管程序的启动上。移管输出国与接受国均可以启动刑事诉讼移管申请程序,被追诉人一般无权提起刑事诉讼移管的请求。而移管被判刑人的程序启动则不一样,判刑国、执行国、被判刑人均可提出移管请求,这是被判刑人移管启动程序的一个突出的特点。

三、国家间刑事诉讼移管与狭义的刑事司法协助

狭义的刑事司法协助是指有关国家为了实现刑事诉讼的目的而在文书送达和调查取证等方面相互提供帮助和合作。表现为被请求方应请求方的请求,代为协助进行某些具体的刑事诉讼行为,以保障请求方能够顺利地实现追诉犯罪的活动。它不包括引渡、刑事诉讼移管、相互承认和执行刑事判决、执法合作等司法协助形式。

(一)国家间刑事诉讼移管与狭义司法协助的相同之处

国家间刑事诉讼移管与狭义司法协助有很多相同之处,如二者均具有跨国性、国际性、均迎合了国际社会惩处国际犯罪、跨国犯罪、维护实际各国共同利益的客观需要等,二者存在密切的联系。

第一,二者均排斥死刑的适用。在国家间进行刑事诉讼移管、狭义的司法协助过程中,请求国与被请求国对待死刑问题的

立场基本一致。如果移管请求国存在死刑制度,被追诉人在请求国受到追诉将可能会被处以死刑,那么被请求国则可断然拒绝刑事诉讼移管的请求。换言之,刑事诉讼移管杜绝和排斥死刑的适用。在狭义的刑事司法协助中,有可能获取对被追诉人有利的和不利的证据,如果向存在死刑制度的国家移交对被追诉人极为不利的证据,则有可能对被追诉人适用死刑,因此,在司法协助的过程中,限制死刑适用的问题无法回避。澳大利亚法律明确将被追诉人可能被判处死刑作为拒绝提供司法协助请求的理由。

第二,二者联系紧密。国家间进行刑事诉讼移管往往离不开狭义刑事司法协助的支持和帮助,或者说,国家间进行刑事诉讼移管包含了狭义司法协助的内容。例如,移管输出国应当将有关的证据资料移交移管接受国,以便接受国能够依据证据证实犯罪,实现对被追诉人科处刑罚。当移管接受国提出具体的协助请求时,移管输出国应当尽量给予支持和协助。可见,国家间刑事诉讼移管需要狭义司法协助的密切配合才能得以有序进行。

第三,二者性质相同。刑事诉讼移管与狭义司法协助在国际刑事司法协助领域均属于独立的合作方式,与引渡、被判刑人移管、外国刑事判决的承认和执行并列构成完整的国际刑事司法协助体系,适用国际刑事司法协助共同的国际公约、国际法的一般原则、国际惯例。

(二)国家间刑事诉讼移管与狭义的司法协助的区别

第一,国家间刑事诉讼移管是移管输出国将本来属于自己管辖的案件移交给接受国,由接受国追诉犯罪嫌疑人,输出国移交了案件的管辖权、审判权、执行判决权。而狭义的司法协助不是移交案件的管辖权、审判权、执行权(包括假释、赦免)等,只是被请求国为请求国行使管辖权给予了某些具体的帮助和合作,代位进行某些具体的刑事诉讼行为。“在所谓小司法协助中,各国相互间的协助所针对的是一些具有工具性和中立性的诉讼行为”,〔1〕其诉讼行为本身具有从属性,相对请求国正在进行,或者拟将进行的追诉活动而言或许具有至关紧要的意义,但往往只是辅助性的,未必就是请求国进行司法活动的必要条件,被请求国予以及时的、妥当的刑事司法协助可以使请求国的刑事司法顺利进行。换言之,被请求国提供的某些刑事司法协助不具有唯一性,而具有可替代性。有学者认为对于请求国的刑事审判而言,狭义的刑事司法协助通常表现出服务性和中立性的特点。〔2〕

第二,在国家间刑事诉讼移管过程中进行的一切诉讼行为均直接指向被追诉人,表现为对被追诉人及其所犯罪行的谴责和否定评价。而狭义的刑事司法协助,一般并不直接针对被追诉人实施具体的诉讼行为。

第三,刑事诉讼移管具有任意选择性,狭义的司法协助具有

---

〔1〕 Paolo Laszloczky, *La Cooperazione Internazionale Negli Atti Distruzione Penale*, Edizioni Cedam Padova, 1980, 34.

〔2〕 黄风、董书丽:《狭义刑事司法协助中“死刑限用”问题探析》,载《人民检察》2002 年第 23 期。“服务性”是指狭义的刑事司法协助是为保障请求国刑事审判的正常进行,维护当事人的正当权益,如协助送达文书不仅是帮助司法机关完成有关的送达行为,而且有助于受送达人了解请求国刑事诉讼的进展情况,保障其知情权。“中立性”是指狭义的刑事司法协助注重有关诉讼行为的客观公正,如在协助调查取证中不仅要收集犯罪嫌疑人或被告人有罪的,或者罪重的证据,还应收集可能证明犯罪嫌疑人或被告人无罪的,或者罪轻的证据。

强制性。在国家间进行刑事诉讼移管中,就接受国而言,其可能对相关案件原本就拥有管辖权,刑事诉讼移管的协议消除了其与输出国间的管辖权冲突,也可能对相关案件没有管辖权,系刑事诉讼移管协议使其获得了委托或授权,产生了“代理管辖权”。因此,刑事诉讼移管当事国间的移管协议是建立在双方或多方极端信任的基础之上,充分显现了自愿性、主动性。一国是否提出移管请求的决定权完全在乎自己,不受其他任何国家的干涉和影响。同理,他国是否接受的决定权也完全由自己行使,在是与否之间任意选择。从国际条约的规定可见一斑。例如,《欧洲刑事诉讼移管公约》第 2 条规定:为适用本公约,任何一缔约国均有权依照本国法律追诉对之可适用另一缔约国法律的犯罪。第 6 条规定当某人被怀疑犯有触犯一缔约国法律的罪行时,该国可以请求另一缔约国根据本公约所规定的条件,对案件提起诉讼。[1] 而在有关的国际刑法公约中则普遍规定:“各缔约国对就本公约所称犯罪行为提起的刑事诉讼应互相给予最大限度的协助,包括提供它们掌握的为诉讼程序所需的一切证据。”诸如此类的规定要求,在对国际犯罪提起的刑事诉讼中,各国之间应当互相提供司法协助,这是缔约国对国际社会整体应当承担的国际义务,而不仅仅是一种互惠行为,因为在同国际犯罪的斗争中,国家间进行刑事司法协助,完全不同于在国内追诉犯罪,不再是一国自己的内政事务,而应毫无保留地(声明保留的条款除外)按照请求国的请求提供司法协助,不得以强调

---

〔1〕 中华人民共和国司法部司法协助局编译:《国际司法协助条约集》,法律出版社 1990 年版,第 57 页。

国家主权而随意拒绝，在此意义上，对被请求国而言无疑具有相当的强制性。

四、国家间刑事诉讼移管与区际刑事诉讼移管

区际刑事诉讼移管（Transfer of Criminal Proceedings）是指一主权国家之内一法域或数法域根据另一法域的请求，或者根据有关协议将由本法域管辖的刑事案件移交给该另一法域审理，并由此向该另一法域提供必要的司法协助。[1] 如英联邦、美联邦以及我国各法域间的诉讼移管。

（一）国家间刑事诉讼移管与区际刑事诉讼移管的相同之处

国家间刑事诉讼移管与区际刑事诉讼移管有诸多相同之处并存在密切的联系。

第一，性质相同。在一般意义上，诉讼移管意旨在国家间或者一国之内的不同法域间移交案件，包括一国或一国之内的一法域将相关刑事案件的刑事管辖权转移、让渡给另一国或一国之内的另一法域。尽管刑事管辖权的让渡在形式上的表征为诉讼程序的移交，但实质上是司法主权的放弃或接受。诉讼移管的最终结果是解决了刑事管辖权的冲突问题，双方或者多方确定了由一方实际上行使刑事管辖权。因此，刑事诉讼移管包含

〔1〕 黄风、彭胜娟：《从周正毅案管辖冲突看区际刑诉移管制度之构建》，载《法学》2007 年第 7 期。

刑事管辖权冲突的解决与对刑事案件的实际管辖两个方面。[1] 国家间刑事诉讼移管与区际刑事诉讼移管的顺利完成还均离不开国家间或一国之内的不同法域间的实际合作和协助。对此有论者指出,区际刑事诉讼移管并不仅仅是区际刑事管辖权冲突的解决方式,而是一种新形式的刑事司法协助活动。[2] 对此笔者予以赞同,同时认为这种"新形式的刑事司法协助活动"仍然具有管辖权让渡的性质,具有司法权移交的本质特征。这是国家间刑事诉讼移管与区际刑事诉讼移管在性质上的相同之处。

第二,诉讼目的相同。国际刑法的使命在于通过惩处国际犯罪、跨国犯罪,维护国际社会的公共秩序和公共利益,实现全人类的福祉。如何积极和有效地惩治犯罪,维护当事人的人权是世界各国国际刑事司法合作的出发点,也是最终的归宿和目标所在。此理同样适用于一个主权国家。一国制定和实施刑法、刑事诉讼法的目的也在于惩罚犯罪和保障人权。例如,我国《刑事诉讼法》规定的任务是保证准确及时地查明犯罪事实,正确应用法律,惩罚犯罪分子,保障无罪的人不受刑事追究,保障公民的合法权利。因此,国家间以及同一国家内的各法域间在开展刑事司法合作的过程中,如何提高诉讼效率、节约司法资源,既要惩处犯罪,又要保障人权成为不容忽视的重要课题。

第三,程序性内容相同。无论国家间刑事诉讼移管还是区际刑事诉讼移管,其内容均包括经过一方提出请求,对方作出是

---

〔1〕 赵秉志、黄晓亮:《论内地与香港特区间刑事诉讼转移制度的构建》,载《现代法学》2010 年第 3 期。

〔2〕 马克昌:《我国区际刑事司法协助的内容刍议》,载赵秉志、何超明:《中国区际刑事司法协助探索》,中国人民公安大学出版社 2002 年版,第 301 ~313 页。

否接受的决定等程序;还包括进行证据移交、审查和承认证据的效力、开展狭义的司法协助、承认对方刑事判决的法律效力;实际行使管辖权的一方作出裁判后向对方通报诉讼的结果等。对此有学者提出,刑事诉讼移管的内容至少包括三个方面:让渡和接受刑事管辖权、进行刑事司法协助活动、承认实际管辖方作出的生效刑事判决等。[1] 另外,还可能存在追缴犯罪所得、没收犯罪工具、被判刑人移管等合作事宜。

第四,遵循某些相同的原则。国家间刑事诉讼移管与区际刑事诉讼移管均适用那些有利于诉讼移管顺利进行的、符合诉讼移管规律的基本原则。如双重犯罪原则、一事不再理原则等。双重犯罪原则是进行国家间刑事诉讼移管、区际刑事诉讼移管的前提条件。诉讼移管各国、各法域在法律上都将针对的危害行为定义为犯罪,依照一方或多方的法律均构成刑事犯罪,否则,如果一方不认为该危害行为构成刑事犯罪,刑事管辖权的冲突以及移管需求则无从谈起。一事不再理原则是现代世界各国刑事法治中的重要原则,适用范围不局限于一个国家内部,也适用于国际刑事法律活动,对刑事诉讼移管而言,移管接受国作出终审刑事判决后,倘若移管输出国迫使犯罪分子因同一罪行再次受到不同国家、法域的多次审判和刑罚执行,则严重侵犯了犯罪分子的合法权益,违背了人道主义原则,以及现代刑事法治的基本精神和价值观念,一事不再理原则是确保刑事诉讼转移有

---

〔1〕 赵秉志、黄晓亮:《论内地与香港特区间刑事诉讼转移制度的构建》,载《现代法学》2010 年第 3 期。

效开展,并取得公正之司法效果的基本要求。[1]

(二)国家间刑事诉讼移管与区际刑事诉讼移管的区别

第一,主体不同。国家间刑事诉讼移管与区际刑事诉讼移管的主体不同,前者为主权国家,后者为一国之内的不同法域,而非主权国家。如前所述,区际刑事诉讼移管是一种新形式的刑事司法协助,因而在一国之内的法域间进行刑事诉讼移管,既是现实解决区际刑事管辖权冲突的重要途径,又是切实开展区际刑事司法协助的重要方式,为此可以综合适用解决区际刑事管辖权冲突和进行区际刑事诉讼移管的特别需要。

第二,遵循某些不同的原则。在国家间刑事诉讼移管中,被请求国可以依据特定的理由拒绝移管请求,如死刑不移管原则、双重犯罪原则等。但由于一国之内的区际提出的移管请求是在"一国"的大前提之下,与国家间刑事诉讼移管截然不同,不应考虑国家主权的因素,对拒绝移管的理由应有所限制,可以实行在特定情况下的刑事诉讼移管。如对可能判处死刑的犯罪分子的移管、政治犯罪、军事犯罪的移管、公共秩序保留等,即使在一国之内的法域间进行诉讼移管会一定程度地减损本法域的局部利益,但并未损害本法域的整体利益,该法域亦不应当以此为由拒绝其他法域提出的刑事诉讼移管请求。[2]

第三,适用的法律基础不同。国家间移交刑事案件不仅要

---

〔1〕 黄风、彭胜娟:《从周正毅案管辖冲突看区际刑诉移管制度之构建》,载《法学》2007年第7期。

〔2〕 赵秉志、黄晓亮:《论内地与香港特区间刑事诉讼转移制度的构建》,载《现代法学》2010年第3期。

依据国际法、国际公约,而且当事国需要依据各自的国内法,适用的法律较为复杂,而区际刑事诉讼移管系在一国之内的法域间移交刑事案件,虽然各法域也存在各自的法律体系,但是不涉及国家主权问题,换言之,区际刑事诉讼移管适用一国的法律体系。

CHAPTER 02 >>

第二章

刑事诉讼移管基础理论

任何一项诉讼制度的建立、发展均有政治、经济、文化、外交、社会、法学甚至哲学等方面的基础，刑事诉讼移管的建立、发展也概莫能外。换言之，刑事诉讼移管具的理论基础是综合性的，涉猎多个领域。但是，囿于本书的诉讼法学主题和篇幅所限，在此，笔者不一一赘述，然而，这并不意味着笔者否认刑事诉讼移管得以产生、发展的政治、经济、文化、外交等方面的理论基础。

国家间刑事诉讼移管是在一定现实需要的基础上产生、发展起来的，有着深厚的法学理论基础，其有效、顺利地运行又离不开特定的国际刑事法治环境，因此，笔者选择从国家间刑事诉讼移管的理论基础、现实基础和国际法基础三个方面来探讨国家间刑事诉讼移管的基础理论。

第一节　刑事诉讼移管的理论基础

刑事诉讼移管的理论基础内涵深邃,外延广泛,有法学、政治学、社会学等方面,因此,本书不可能展开全面论述。笔者选择从刑事诉讼法学、国际政治学和国际法学三个方面,重点论证刑事诉讼移管自身具有的制度价值、刑事诉讼移管的逻辑前提即国家主权让渡论和主权国家对国际社会整体承担的国际义务即或引渡或移管义务,以点窥面来剖析刑事诉讼移管的理论基础。

一、制度价值

在国际刑事诉讼法框架中,刑事诉讼移管是一种诉讼管辖制度,其之所以能够经历从无到有,从萌芽到发展,并为国际社会特别是主权国家、欧盟、联合国承认并被以"法"的形式确定下来,如今成为国际社会一种非常重要的刑事司法协助方式,是因为其本身具有特定的价值基础。换言之,刑事诉讼移管自身具有的制度价值是它得以产生和发展的法学理论基础。在哲学中,价值既是指某项法律制度的伦理目标、道德根据及其所要实现的理想结果,又是人们确定、判断某项法律制度和法律程序优劣的标准。以此为指导,下文着重探讨刑事诉讼移管的价值基础。

（一）司法公正

司法公正是法的自身追求，要求司法的过程和结果均要体现公平和正义。司法公正包括实体公正和程序公正，实体公正是司法公正的根本目标，程序公正是司法公正的重要保障。[1]换言之，司法公正不仅要求对诉讼当事人的实体权利和义务的裁决是公正的，而且要求诉讼过程也是公正的，诉讼参与人在整个诉讼活动过程中均要受到公正的对待，保证获得公正主张权利的机会。

司法公正指引着司法人员的职能活动，同时，体现在司法人员的职能活动全过程中。审理的过程和裁决的结果是否公正主要取决于裁判者的职务活动，裁判者是司法公正的主体，但又并非唯一的主体。在实行国家公诉和当事人自诉并存的国家，检察官担负提起公诉的职能，兼具监督审判活动的职能，因此，检察官属于司法公正的主体。在实行检侦分立的国家，侦查人员负有收集证据、抓获犯罪嫌疑人等职责，履行追诉职能，侦查人员也属于司法公正的主体。在国际刑事诉讼领域，体现司法公正的主体相对比较复杂，涉及多国的司法人员乃至行政人员，司法公正不仅包括一国的侦查人员、检察官、审判人员，还包括涉案他国的侦查人员、检察官、审判人员。司法公正是指引司法活动的一条基本原则，它不仅要求在审理案件的全过程中公正对待当事人以及其他诉讼参与人，而且在审理案件的结果中体现

---

〔1〕 何家弘：《司法公正论》，载《中国法学》1999年第2期。

公平、正义。[1] 因此，在国际刑事诉讼层面，司法公正不仅仅是指一国的而是多国的司法过程和司法结果的公正。

司法公正还包括整体公正与个体公正，申言之，司法公正还有以下两层含义，既是对社会成员整体的公正，又是对社会成员个体的公正，即整体公正和个体公正。既是在司法活动整体意义上的公正，又是在司法活动个体意义上的公正。在选择、趋向整体公正抑或个体公正的时候，世人实际上已经表达了司法公正的价值定位和价值取向。[2] 在国际社会，不同的国家基于不同的文化传统、价值理念，业已确立了司法公正所要追求的价值定位和价值取向，或者倾向于实现司法活动的整体公正，抑或个体公正。例如，东方国家司法活动侧重强调整体公正。反之，西方国家司法活动侧重强调个体公正。在具体的刑事诉讼中，西方国家认为被告是个人利益的主要代表，检察官是社会利益的主要代表。根据这种价值定位上的差异，国外有些学者把不同国家的刑事司法制度分为保护人权型（特别注重保护人权的刑事司法制度）和打击犯罪型（强调打击犯罪功能的刑事司法制度）。笔者认为，在这两种类型的国家间移交案件，开展诉讼移管，有助于推进这两种司法制度的融合和相互吸收，在强调整体公正与个体公正的国家间达成一种相互体验、认可对方司法公正理念的桥梁。在整体公正与个体公正这两种截然不同的司法公正价值定位和取向之上实现整体公正与个体公正的调和，达成更高层次的司法公正取向。例如，打击犯罪型国家往往保留

---

〔1〕 何家弘:《司法公正论》，载《中国法学》1999 年第 2 期。
〔2〕 何家弘:《司法公正论》，载《中国法学》1999 年第 2 期。

死刑制度,而保护人权型国家则往往废除了死刑或弃置死刑不用。在后者向前者移交案件时,后者往往会要求前者作出不适用死刑的承诺,前者也会事实上实现自己的承诺。如此,在前者的国内,很可能就个案而言出现了极其不公正的裁判结果。但在司法实践中,后者的个体公正理念也会逐渐被前者所接受和认同。例如,我国在办理一些涉外刑事案件的过程中,作为被害人近亲属的外国人往往提出对国内被告人不适用死刑的请求,这对我国的司法公正理念是一种冲击,也是一种考验,但更多的是一种融合和升华,笔者认为,这有助于在整体公正与个体公正之上建立一种新型的司法公正理念。

刑事诉讼移管适用“一事不二审”原则,该原则要求移管输出国和移管接受国以及其他相关国家对同一被追诉人实施的同一行为,在发生刑事司法管辖竞合的情况下,通过协商确定仅由一国开展有关的刑事诉讼,避免对同一人的同一行为进行两次甚至两次以上的重复审判或处罚;要求相关国家如请求国和被请求国抛开本国对保护人权与打击犯罪、国家利益与个人利益的定位,相互尊重、信任、承认对方的刑事司法管辖权。因此,在国际刑事诉讼层面上,适用“一事不二审”原则至少可以保证在司法程序上、在司法过程中实现对被追诉人的程序公正。

刑事诉讼移管还是一种有助于实现实体公正的国际刑事司法协助方式。当某一国际犯罪、跨国犯罪的主要证据、关键证人、主要犯罪地、主要犯罪结果处于某一国时,尽管对方国家就相关刑事案件也享有司法管辖权,但如果由该国行使管辖权,则有助于查证案件事实,更好地打击犯罪和预防犯罪,有助于实现实体上的公正,那么刑事诉讼移管协议的达成将有助于实现实体上的司法公正。例如,20 世纪 90 年代中期,在北京与莫斯科往来的国际列车上和莫斯科市发生了一些中国公民针对中国公民的抢劫、强奸等犯罪案件,对于这样的犯罪,我国和俄罗斯均拥有刑事司法管辖权,但考虑到由我国司法机关审理此案更有利于调查案件事实,打击和震慑犯罪,经过协商,俄罗斯司法机关决定通过刑事诉讼移管将该案件转交给我国司法机关审理。〔1〕

（二）诉讼经济

当代刑事诉讼有两种不同的模式:一是英美法系国家的当事人主义(也称对抗制,Adversary System);二是大陆法系国家的职权主义(也称审问制,Inquisitorial System)。与历史上的追诉主义、纠问式诉讼相比,两种模式均大幅度地增加了诉讼成本,"这既是权利保障的需要,也是社会文明化程度和司法理性化程度提高后的必然结果"。〔2〕 不过,这不可以得出上述两种模式漠视诉讼经济价值取向的结论;反之,它们都把节约诉讼成本、提高诉讼效益作为一个重要的追求目标,都在注重节约司法资源、社会资源,力争以较少的诉讼投入获取高效的诉讼结果。正如阿瑟·奥肯所言:"没有任何证据表明人类的可利用资源能够充分满足社会成员的绝对需求,多生产了一件东西就意味着使用了原来可以用于生产其他东西的劳动力和成本;目前多

〔1〕 黄风:《国际刑事司法合作的规则与实践》,北京大学出版社 2008 年版,第 182 页。

〔2〕 左卫民:《简易刑事程序研究》,法律出版社 2005 年版,第 16 页。

消费,就意味着减少未来可享用的储蓄……"[1]如何使刑事诉讼程序进行高效、低成本运作成为世界各国改革传统刑事诉讼程序的价值取向和动力。国家间合作进行惩处和预防国际犯罪、跨国犯罪与在一国之内追诉犯罪不同,涉及跨越国境、边境收集证据、移交证据、移交逃犯等烦琐的司法程序,加之不同的司法制度、证据制度、国际政治、国家外交的影响,诉讼成本较在一国之内而言是相当庞大的。在国际上进行引渡就是例证,若成功引渡一名罪犯,引渡请求国和被请求国需要投入大量的人力、物力、财力,司法成本非常高。

而在国家间进行刑事诉讼移管则有助于实现诉讼经济,尤其对于一些比较轻微的刑事犯罪,可以避开耗时、费力、烦琐的引渡程序,通过刑事诉讼移管的国际合作方式将刑事案件移交给适当的国家,如犯罪嫌疑人或被告人所在地国,从而更高效、更节俭地实现刑事追诉、审判的目的,缩短诉讼程序从发生至终结的时间延续过程,即缩短诉讼周期。[2] 如在欧洲一些国家,1964 年缔结的《惩处道路交通犯罪的欧洲公约》已经比较具体地确立了刑事诉讼移管的程序和规则。对于跨国的交通违法等轻微犯罪,当在外国违法犯罪的行为人回到住所所在地国之后,行为发生地国的司法机关依据国际公约,通过刑事诉讼移管的方式将案件移交给行为人住所所在地国的司法机关,而不诉诸引渡。

国家间进行刑事诉讼移管适用"双重犯罪原则",同一危害

---

〔1〕［美］阿瑟·奥肯:《平等与效率》,王奔洲译,华夏出版社 1987 年版,第 2 页。

〔2〕顾培东:《社会冲突与诉讼机制》,四川人民出版社 1991 年版,第 110 页。

行为在请求国和被请求国依据各自的国内刑事法须均符合“犯罪”的定义和构成,均依法应当追究刑事责任,在这种情况下,基于互信,才容易开展诉讼移管。反之,某一危害行为依据一国的国内法不构成犯罪,诉讼移管则难以进行,这是国际社会通行的国际法原则(不排除在极端情形下适用普遍管辖原则惩处国际犯罪的个别例外)。对此,笔者认为,“双重犯罪原则”在国家间进行刑事司法合作之前起到了过滤刑事案件的作用,换言之,如果一国认为某种危害行为不构成犯罪,不符合本国犯罪的定义,刑事司法合作则无从谈起。从节约国际社会、主权国家诉讼资源的角度看,在国家间刑事诉讼移管中适用“双重犯罪的原则”有助于实现诉讼节俭原则,“双重犯罪的原则”可以被视作国际刑事诉讼中的过滤机制(Filtering Mechanism)。当然正如美国学者约瑟·雪莱所言:“理解刑事司法体制中过滤作用的关键在于理解该体制中所拥有的自由裁量权——从不止一项的选择中去决定处理某种情形或案件的能力。”[1]如何恰当使用自由裁量权,运用好过滤机制,是诉讼移管请求国和被请求国面对的另外一个问题。[2]

(三)保障人权

从某种意义上讲,刑事诉讼法是一部人权保护法,它不仅要赋予司法机关以职权,而且还要保障人权,为防止司法机关滥用司法权而设置相应的必须遵循的基本原则、司法制度和诉讼程

---

〔1〕 Mitchell S. G. Klein, *Law, Courts, and Policy*, Prentice Hall, 1984, 226 - 227.

〔2〕 笔者站在国际社会节约全社会司法资源的角度,不妥之处,请予以指正。

序。刑事诉讼具有惩治犯罪与保障人权的双重目的,惩治犯罪与保障人权是刑事诉讼中的统一体,不可过分强调任何一个方面,否则,不仅在理论上难以成立,而且在实践中容易造成有违司法公正的后果。在国际刑事诉讼中也是如此。正如有学者所言"尊重人权乃是世界和平与安全的基础已成为全球性共识"。[1] 在国际社会,当某个主权国家不便、不愿、不能就某个刑事案件行使刑事管辖权时,该国将刑事案件移交相关他国管辖,客观上能够起到严密国际法网,防止犯罪分子逃脱法律惩处的功效,实现惩处犯罪的诉讼目的。但是,在案件移交过程中及继后的审理中能否实现人权保障、如何实现保障人权的价值,也必然成为不可忽视的重要课题。对此,笔者赞同张旭教授的观点:人权与刑事诉讼移管之间属于一种互动、相互促进的关系。笔者认为,刑事诉讼移管不仅是以人权观念为指导,而且以国际人权法为法律渊源;刑事诉讼移管自身不仅具有能够保障人权的价值,而且也在实际地保障相关诉讼参与人的人权。

人权观念已经成为现代国际刑事诉讼法的价值理念之一。而世界各国在政治、经济、文化、历史传统等方面不尽相同,各自的人文理念、人权观念、人权标准均具有民族特点。因此,无论在国家间签订、加入专门规定刑事诉讼移管的国际公约,或者包含刑事诉讼移管内容的区域性公约、双边公约、刑事司法互助协定时,往往直接拟定保护人权的具体条款,如人权保护的种类、程度、人权保护的具体方法和途径等,在确定刑事诉讼移管中的

[1] 张旭:《国际刑法——现状与展望》,清华大学出版社 2005 年版,第 304 页。

人权标准时,既立足于国际社会的现状,尊重和保护人权的基本原则和立场,又兼顾不同国家、不同区域、不同经济发展程度国家的利益,寻求人权标准的共识,减少相互之间的矛盾和冲突,注重刑事诉讼移管对保护人权的实效。可以说,如此规定刑事诉讼移管的国际公约、包含刑事诉讼移管内容的区域性公约、双边公约、刑事司法互助协定既是国际人权法的组成部分,又是国家间刑事诉讼移管的法律渊源。换言之,国家间刑事诉讼移管自身具有保障人权的法律基础。

在现代国际刑事诉讼意义上,人权不再仅仅是一国主权范围内的事情,而超越了国界具有国际性的一面。[1] 人权、人权观念和人权意识已不再仅仅是一个主权国家的内政,当某个侵犯人权事件超出了一个主权国家的内政范围时,则必然构成对世界和平与安宁的威胁和破坏,影响到国际社会的正常秩序,损及国际社会的共同利益。刑事诉讼移管可以在国际社会、全球范围内通过合作惩处犯罪,维护被危害行为侵犯的人权。当然,刑事诉讼移管所维护的人权范围,不仅于此。从刑事诉讼移管预防和惩治国际犯罪、跨国犯罪以及维护国际社会共同利益的价值目标看,刑事诉讼移管还可以发挥包括对被告人、被判刑人、被害人的保护,也包括对证人、鉴定人等诉讼参与人的保护的功能。有学者认为,在刑事诉讼移管中,从人权的视角通常涉及三种人:刑事被害人、被告人(犯罪嫌疑人)、被判刑人(罪犯)。[2] 对此,笔者认为,刑事诉讼移管中的请求国和被请求国

---

〔1〕 张旭:《国际刑法——现状与展望》,清华大学出版社 2005 年版,第 50 页。

〔2〕 张明楷:《刑法的基本立场》,中国法制出版社 2002 年版,第 50 页。

在实现人权保障的机能时，首先维护被害人的权利，救助被犯罪行为侵害了的弱者的权利，如战争罪、种族灭绝犯罪、反人类罪、酷刑犯罪、恐怖主义犯罪等被害人的权利。在维护被害人的人权与维护犯罪嫌疑人、被告人人权的渊源上，对被害人人权的关注是引起人们关注犯罪嫌疑人、被告人人权的前提，没有对被害人人权的保障就没有对犯罪嫌疑人、被告人人权的保障。[1] 其次，维护犯罪嫌疑人和被告人的人权，如同在一国之内进行刑事诉讼一样，主要针对在打击国际犯罪、跨国犯罪过程中可能、现实发生的滥用公权力的现象。另外，在刑事诉讼移管中，还必然涉及证人、鉴定人等出境作证、第三人的人权等问题，这也是诉讼移管中保障人权的应有内容，否则，人权保障将是不全面的。

就刑事诉讼移管自身而言，它有利于犯罪分子的改造和重返社会。当某个犯罪分子在他国犯罪后逃回本国，犯罪地国可以要求犯罪分子所属国进行刑事诉讼，一旦犯罪分子所属国对其审理判刑后，该犯罪分子就可以在本国熟悉的社会制度、文化背景和风俗习惯下服刑。这对犯罪分子的改造、教育和管理都有实际意义。不仅犯罪分子本人因此而受益，而且其亲友也可以经常去探视，保持家属间的友好感情。这符合人道主义刑罚原则。1955 年，第一届联合国预防犯罪和罪犯待遇大会通过《囚犯待遇最低限度核准准则》，特别强调了囚犯同外界的接触问题。1985 年，第七届联合国预防犯罪和罪犯待遇大会通过《联合国少年司法最低限度标准准则》（北京规则），再次重申此项原则。同样，有些罪犯在某个国家长期居住，对居住国拥有特

---

〔1〕 张明楷：《刑法的基本立场》，中国法制出版社 2002 年版，第 50 页。

殊的了解和感情，如果在某国犯罪后逃回该居住国时，尽管该国不属于其国籍国，但一旦该国接受委托审理此案，对案犯进行判刑后该犯即可在该国服刑。这也有利于对犯罪分子的改造。否则，外国罪犯在其国籍国或居住国以外服刑，不仅会增加服刑国管理、改造、教育外籍囚犯的种种困难，也给外籍囚犯带来许多不便，同时也会增加罪犯所属国外交或领事机构保护罪犯上的麻烦。[1]

再则，对一些比较轻微刑事案件，尽管各有关国家都有权主张行使管辖权，但因轻微犯罪的社会危害较小，或者犯罪分子在他国，主要证据在他国，请求国可能愿意将案件移交他国管辖。这样可以快捷审判、更快地处罚犯罪，更快地实现本国的司法权，因此，刑事诉讼移管还可以缩短诉讼周期，使犯罪分子得以及时的审判，也可以达到保障犯罪分子人权的目的。

（四）解决冲突

一般而言，国家刑事管辖权（criminal jurisdiction）是指一个主权国家的司法机关依法拥有的对刑事犯罪进行侦查、起诉、审判的权力。刑事管辖权是国家司法主权的重要组成部分，可以分为刑事立法管辖权（legislative criminal jurisdiction）和刑事司法管辖权（adjudicative criminal jurisdiction）。前者侧重一国刑事法的空间效力，后者侧重司法机关侦查、起诉、审判刑事犯罪的权限。[2]

---

〔1〕 赵永琛：《国际刑法与司法协助》，法律出版社1994年版，第276页。

〔2〕 赵秉志、何超明：《中国区际刑事司法协助探索》，中国人民公安大学出版社2003年版，第101页。

与国家刑事管辖权相对应的是国际刑事管辖权。国际刑事管辖权是主权国家、国际组织对国际犯罪、跨国犯罪进行侦查、起诉、审判的权力。由于国际社会各主权国家的刑事法律以及国际公约对国际犯罪、跨国犯罪管辖权的规定往往发生竞合;国际犯罪、跨国犯罪自身往往存在诸多的涉外因素,如犯罪预谋地、行为实施地、结果发生地等,因此,在国际社会,刑事管辖权的国际冲突经常发生,而且表现的形式有多种,既有国际刑事审判机构与缔约国之间发生的垂直冲突,主权国家之间发生的平行冲突;又有主权国家在案件发生后还没有处理前的"争管"和一个国家在他国行使了刑事管辖权后,再次对案件起诉、审判和处罚的"重新起诉"。特别是自20世纪20年代以来,随着国际司法机构的快速发展,其相互间的管辖权冲突经历了一个从无到有、从有到多的演进历程。[1] 包括同一国家可能就同一争议同时或先后向不同的国际司法机构提出申诉而产生"重复诉讼";也包括不同国家就同一争议交叉同时或先后向不同国际司法机构提出申诉而导致"对抗诉讼"。

毋庸置疑,国际刑事管辖权冲突的存在势必阻碍国际刑事司法协助的顺利进行,影响国际社会、世界各国预防和惩治国际犯罪、跨国犯罪的力度和效果。[2] 针对以上国际刑事管辖权冲突的诸多情形,学术界业已提出了多种解决管辖权冲突的理论,

〔1〕 吴卡、宋连斌:《国际司法机构管辖权冲突的解决路径》,载《华东政法大学学报》2011年第3期。

〔2〕 张旭:《国际刑法——现状与展望》,清华大学出版社2005年版,第93~94页。

如排他管辖权、平行管辖权、优先管辖权、复审管辖权等。[1] 详言之，排他管辖权说主张国际审判机构对特定国际犯罪拥有绝对的管辖权；平行性管辖权说主张国际审判机构与国内审判机构均有管辖权；优先性管辖权说主张国际审判机构优于国内审判机构管辖权；复审管辖权说则主张先由国内审判机构审理，倘若出现当事人不服等情形时可以引起国际审判机构的管辖。还有学者列举了主权国家对国际犯罪行使刑事管辖权的顺序，提出优先管辖原则，例如，著名国际刑法学家巴西奥尼[2]、我国学者张智辉[3]提出了对国际犯罪行使管辖权应当遵循的顺序。还有学者提出应当遵循一事不再理原则。但是，一事不再理原则的作用在于作为拒绝他国司法协助请求的理由，是一国已经做出刑事判决之后。而对于在启动刑事追诉程序之前他国主张管辖的情形，一事不再理原则就显得无能为力，因为在这种情况下，首先考虑的是由哪个国家“审理”案件，尚未论及“再审”的事宜。因此，一事不再理原则难以发挥作用。[4] 优先管辖原则固然有一定的合理性，但也存在很大不足。例如，当一国同时为罪犯的国籍国、被害人的国籍国和受害国，而另一国仅为

---

〔1〕 王秀梅：《国际刑事法院研究》，中国人民大学出版社 2002 年版，第 147 页。

〔2〕 巴西奥尼在《国际刑法草典》中主张：“对本法（分则）确认的任何国际犯罪的诉讼和惩罚管辖按下列顺序授予：(1)犯罪全部或局部发生在其领土内的缔约当事国；(2)被告为其国民的缔约国当事国；(3)受害者为其国民的缔约当事国；(4)在其领土内发现被告的其他缔约当事国。”

〔3〕 张智辉：《国际刑法通论》，中国政法大学出版社 1999 年版，第 99 页。张智辉提出，行使管辖权的国家依次为犯罪地国、犯罪人国、受害国、在其领土内发现被指控的犯罪嫌疑人的其他国家。

〔4〕 吕岩峰、李海滢：《国际刑事管辖权冲突的“适当法”观照——来自国际私法学的借鉴》，载《当代法学》2004 年第 4 期。

犯罪地国时，倘若仅仅依据优先管辖原则由犯罪地国管辖，则令人难以接受，质疑该原则的合理性。可见，国际社会仍然缺乏能够有效协调和解决刑事管辖权冲突的有效机制和手段，尚未制定出有效的解决办法。

国际刑事管辖权冲突的存在还容易引起国际法解释的混乱，国际司法机构权威的减损，不利于国际争端的和平解决等消极后果。[1] 在国家间进行刑事诉讼移管不仅可以有效解决管辖权的冲突问题，还可以避免因刑事管辖权冲突而造成的诸多消极后果和种种障碍。当国际刑事管辖权冲突发生后，当事国可以通过刑事诉讼转移管辖的方式，经过协议自愿移交某个国家管辖，委托他国代理本国进行审判和处罚。各当事国会心安理得地认为本国已实现了自己对犯罪的管辖权，完成了各自的司法任务。[2] 事实上，在委托刑事诉讼移管的过程中，不仅委托国实现了自己对国际犯罪的管辖权，各委托国在形式上和实际上同样也实现了各自对犯罪的管辖权。[3] 因此可以说，刑事诉讼移管是解决国际刑事管辖权冲突的有效方式，具有其他的解决途径和方法所无法比拟的优越性。

---

〔1〕 See Cesare Romano, *The Shift from the Consensual to the Compulsory Paradigm in International Adjudication*: *Ele - ments for a Theory of Consent*. 39 Int'l L. & Pol. 791, 798 - 799 (2007).

〔2〕 赵永琛：《国际刑法与司法协助》，法律出版社 1994 年版，第 274 ~ 275 页。

〔3〕 贾宇：《国际刑法学》，中国政法大学出版社 2004 年版，第 461 页。

二、国家主权让渡论

现代国际法理论认为,国家主权是可以有限地适当地让渡。而刑事管辖权是国家主权的重要组成部分,因此,国家的刑事管辖权也是可以有限地适当地让渡。如前所述,刑事诉讼移管的核心是刑事管辖权的让渡,可以说,刑事管辖权可以让渡是刑事诉讼移管制度最坚实的理论基础,也是最直接的理论基础。但国家刑事管辖权可以有限地让渡的上位立论基础是国家主权可以有限地让渡,因此笔者认为,国家主权让渡论是刑事诉讼移管最深层次的法学理论基础。

(一)国家主权理论的衍变

传统的绝对主权观经历了"绝对主权""限制主权"到"人民主权"的发展阶段,以博丹、霍布斯、黑格尔为代表。

博丹认为,主权是"不受法律约束的对公民和臣民进行统治的最高权力"(supreme power),这种最高权力首先是永恒的,有别于其他任何受特定限制的授权,既不能转让或取消,也不受时效的限制。主权者的命令就是国家的法律,任何限制发布命令的权力都超越了法律的权限。主权的首要特性是主权者拥有不经上级、同级或下级的同意,便对公民个体和公民集体颁布法律。主权者不受法律的约束,法律不能约束他自己或他的后继者,也不能以法律的方式让他对他的臣民、公民负责。[1]

---

〔1〕 [法]萨拜因·博丹:《论主权》,邓正来译,载《河北法学》2008 年第 9 期。

1651年，霍布斯在《利维坦》一书中主张，由于人类社会缺乏令人敬畏的公共权威，才处于一种战争状态之中。人们为拥有和平与安全而自愿签约，将个人拥有的权利赋予一个人、一些人形成最高的主权。换言之，主权经由契约授权而形成。由于人们事先授权，主权者的权力是无限和永恒的，其所作所为都是正义的。[1] 因此，人们不能反叛主权者。倘若让主权者受到法律限制，就是在主权者之上又设置了主权者，违背了主权的性质。所有人必须完全地和无条件地服从主权者的命令，否则，就得不到真正的和平与安全。霍布斯坚持主权不可分割，不受限制，不能批评主权者。[2]

黑格尔也认为国家主权是绝对的，国家利益构成国家的最高法律，在国家范围内不存在更高的法律秩序；国家间可以互相缔约，在各国的意志达不成一致的情况下，国家只能通过战争来解决争端。

综上，传统的国家主权观认为国家主权是神圣的、不可分割、不可转让的。片面地强调了国家主权的最高性、绝对性和不受限制性，而忽视了国家主权的相对性和平等性。[3]

时至20世纪八九十年代，在经济全球化向纵深推进的背景下，区域性、全球性国际组织大量涌现，跨国公司迅猛发展，国际条约如雨后春笋般，国际合作日益频繁、深入，国家间依赖性增

---

〔1〕 李家善：《国际法学史新论》，法律出版社1987年版，第99~100页。

〔2〕 赵建文：《关于国家主权的性质和地位的理论演进》，载《郑州大学学报》2000年第11期。

〔3〕 杨泽伟：《主权论——国际法上的主权问题及其发展趋势研究》，北京大学出版社2006年版，第21页。

强、金融危机屡屡爆发，民族自决、公决经常发生，国际人权保护不绝于耳等，都似乎在不断地“限制、削弱、侵蚀”国家主权。[1]传统的国家主权理论“绝对性”的内核使国家主权与全球化时代很难相容，“绝对主权”观无法解释国际社会涌现的新现象、新问题。“全球化的意义尤其在于，它是对传统的国家关系对国家主权及其他权利，对以国界标示人群活动区别的规则的一种深入持久的挑战。”[2]世人不得不重新审视国家主权的概念，对绝对主权观产生了新的认识，由此诞生了新的国家主权观：国家主权是神圣的，但不可推至极端；国家主权是至高的，但其具有相对性；国家主权是平等的，同时又受到国际法的限制。在西方国际法学界甚至出现了“主权过时论”“主权弱化论”“国家边界模糊论”，乃至“主权消亡论”及否定主权的思潮。如 1992 年托马斯·魏士和贾拉特·乔普拉提出，“主权不再是神圣不可侵犯的”。[3] 美国教授路易斯·汉金扬言：“主权是个有害的字眼……”对此，笔者认为，西方学者的观点在一定程度上旨在迎合其本国的政治霸权、经济扩张的需要，企图摒除发展中国家的主权壁垒。经济全球化是世界各国经济活动全球性日益增强、民族性日益减弱的过程，也是商品和生产要素在全球范围内跨国流动实现优化配置的过程，这必然要求世界各国签署、遵守一系列国际公约、国际协议和国际规则，这个过程实际上是主权国

---

〔1〕 刘志云：《经济全球化背景下国家主权问题探讨》，载《现代国际关系》2002 年第 7 期。

〔2〕 王逸舟：《当代国际政治析论》，上海人民出版社 1995 年版，第 5 页。

〔3〕 钱文荣：《联合国宪章和国家主权问题》，载《世界政治与经济》1995 年第 8 期。

家对自己主权的部分放弃和自我限制。国家必须遵守国际法，世界各国均受制于国际法的最高规范"普遍至高的正义原则"(Universal Supremacy of Justice)，[1]还受神法、自然法以及习惯等方面的约束。"国家主权作为规范性秩序的一种特质"，在本质上虽然具有绝对性，但"如果采取主权这一术语的原来意义，即最高权威的意义，国家就没有主权这一基本权利，而且是不可能有的。作为国际权利的主体，国家是受国际法支配的，即使国际法被认为是国内法的一部分"。国家主权的受限以及政府管理权能的有限让与，并不表示国家主权在本质上的质变，相反，随着国家政治地位的巩固、综合实力的壮大，主权的本质反而得到不断强化。因此，主权相对论逐渐取代主权绝对论，逐步得到国际法学家和各国政治家的普遍认同和共同信赖，并成为国家主权可以让渡理论的基石。

(二)国家主权让渡论

在国家主权"质"的属性上，世界各国的主权平等，且相互制约、相互依存；在国家主权"量"的属性上，国家主权的内容经历了以政治、外交为主，扩展到经济、文化、社会乃至自然环境，适用范围由陆地扩展到海洋、外层空间的发展历程。表现在经济全球化的进程中，民族国家的部分经济主权、政治主权、文化主权有限地分割出去。世界各国主权权力的行使受到时间、地点、条件和适用对象的限制，受到国际条约、国际习惯、一般法律原则和国际私法判例的限制。主权的行使方式似乎与主权的独

---

[1] J. L. brierly, *The Law of Nations*, The Clarendon Press 1955, p. 29.

立性、自主性、排他性、不可分割和不可转让相互矛盾。但是，实质上，这是国家主权的行使方式在全球化时代发生了重大变革，因为国家主权不可能是绝对的，而是相对的。依据国家主权的相对性的原理，国家主权在构成上是可分的，主权在构成上的可分性，决定了主权由许多不同的要素所构成，这些主权要素对于体现主权的价值和根本属性是不同的，有的是作为主权国家所不可或缺的基本价值构成，属于基本的核心的要素，没有它，主权既失去了意义，主权将不复存在，因此必须加以坚持维护；有的属于次要的或边缘的主权构成要素，缺失它也不至于从根本上损害主权的完整性和独立性。国内有学者将其分为可让渡要素和非让渡要素，认为前者包括主权身份、主权地位和主权权威，后者包括主权权力、主权权利和主权利益。[1] 换言之，民族国家为了最大化的国家利益，可以自主地自愿地将国家主权的部分要素让渡（具体为主权权能）、转让给他国、国际组织来行使。从表面上看是国家主权的"量"的受限、丧失和减少，实质上是国家自主、自愿行使主权的一种方式，不但没有削弱国家的主权地位，反而使国家获得了更大的权威和利益。国外有学者将国家主权的让渡界定为 soverengnty lending[2]，或 shared

〔1〕 杨斐：《试析国家主权让渡概念的界定》，载《国际关系学院学报》2009 年第 2 期。

〔2〕 Stephen D. Krasner. Sovereignty, *Organized Hypocr – isy*, Princeton University Press, 1999: 127.

soverengnty[1],或 transfer of soverengnty[2]。笔者赞同将其称为"国家主权让渡论"。

国家主权让渡论源于国家主权的相对性。同时,国家主权让渡论又是现代国际法主权理论的新发展。

1. 国家主权让渡论的哲学基础。唯物辩证法认为,事物的本质和现象是紧密相连的两个方面。法的本质和现象、国家主权的本质和现象均是如此。国家主权在事务的质的属性上是不可分割和不可限制的,若有分割,则主权即已消失;若受限制,则主权无法独立存在。具体表现为:国家主权本质上与主权国家密不可分;世界各国的主权平等,一国的主权不受他国主权的分割和限制。但是,主权国家对国内事务的管辖、经济的管理、社会治安的监控、刑事犯罪的惩处和预防等方面的制度设计均为国家主权的外在表现形式,换言之,是主权的行使方式,表现为各种主权权能,是国家主权的"现象"。国家主权的本质与现象相比较为稳定。因为主权的本质与主权本身与生俱在,只有主权本身消失本质才终结。"非本质的东西,外观的东西,表面的东西常常消失,不像本质那样扎实、稳固,比如河水的流动,泡沫在上面,深流在下面。"[3]然而,国家主权现象的演变、行使方式的变动并不意味着主权的本质发生动摇或演变。简言之,主权

---

[1] MichaelKeating Sovereignty and PlurinationalDemocracy. *Problems in Political Science, inNellWalker ed. Sovereignty in Transition* ,HartPublishing,2003:201.

[2] Grainne de Burca *Sovereignty and the Supremacy Doctrine of the European Court of Justice, in NellWalkered Sovereignty in Transition* , Hart – Publishing, 2003: 456.

[3] 刘志云:《经济全球化背景下国家主权问题探讨》,载《现代国际关系》2002年第7期。

权能的有限让渡属于主权的现象范畴，并不意味着主权本质的质变。

2. 国家主权让渡论的经济学基础。经济全球化是21世纪的主旋律，加之市场经济具有极富穿透性的力量还有很强的地理扩张倾向，容易超越不同意识形态国家间的政治樊篱。而传统的国家主权观认为主权是一国调控国民经济的核心手段，对外独立。从表面看，似乎与全球经济不能共存，正如美国学者威廉·奥尔森所言："主权国家体系把人们分成一个个作茧自缚的政治实体，而经济生活的繁荣却需要人们尽量交流商品和投资。这一直是主权国家体系一个根本性的难题。"而事实上，国家主权与市场经济在本质上是统一的，因为主权最深层的本质植根于经济结构的土壤，"权利永远不能超出社会的经济结构以及经济结构所制约的社会文化的发展"。一国为融入经济全球化趋势以及为在经济全球化过程中更好地坚持主权，在经济管理制度层面作出某些调整，签订、加入、遵循国际公约，让渡部分经济主权权能，不是弱化、否定主权，而是在新的经济形势下更好地谋求国家利益的最大化。简言之，让渡部分主权的目的在于获得最大化的国家利益。

3. 国家主权让渡论的社会学基础。国际社会是一种国家间体制，由为数众多的主权国家、地区和国际组织等主体组成，各主体均拥有平等的、独立的本质属性。而国际社会的主体又互相依赖、互相制约。在共谋发展的协作进程中，互通有无，互相支持，这也符合社会学的协作原理。

国家主权让渡是国家自主行使主权的一种方式，必然会在一定程度上影响到国家主权的权威性，因此，国家主权的让渡须有一个限度,务必自主让渡,以不损害主权的身份属性和主权的根本属性为界限。

(三)国家主权让渡与刑事诉讼移管

刑事管辖权是国家主权的重要组成部分,依据国家主权让渡论,国家的刑事管辖权也可以有限地让渡。如前所述,刑事诉讼移管的核心是刑事管辖权的让渡,因此,刑事管辖权可以有限地让渡是刑事诉讼移管制度最坚实的理论基础,也是最直接的理论基础。国家主权让渡论是刑事诉讼移管的逻辑前提。刑事诉讼移管是国家主权让渡的一种方式。

在刑事诉讼移管过程中,移管输出国向他国移交了特定的刑事案件、证据资料,提供了相应的司法协助,从表面上看,移管输出国的刑事管辖权在"量"上减少、缩小甚至丧失了,但实质上并非如此,反而通过其他方式强化了移管输出国的刑事管辖权。

国家主权让渡论的产生和发展不是凭空而生,而是由国际社会客观现实的演变所决定。从十五六世纪欧洲民族君主制国家的兴起,到 19 世纪末 20 世纪初,垄断资本要求打破旧民族国家的界限,再至当下现代科技和交通信息的高速发展,一国的生存和发展不再孤立进行,而在很大程度上取决于世界各国之间的相互依存、相互协作,主权国家为了实现自己的最高利益乃至全人类的整体利益,都在自觉地、自愿地签订或加入国际条约,加入区域组织、国际组织,自主、自愿地接受国际法的约束,部分地让渡国家主权。在国际合作过程中,传统意义上的纯属国内管辖的事项、原来可以不受国际法义务限制的以及其他完全能够自主、自由处理的事项，均要受到国际法的约束。对此，国际法研究院宣称："保留给国家国内管辖的领域是指国家的活动不受国际法约束的领域，其范围取决于国际法并依国际法的发展而变化。"[1]国际社会的事实已经证明，国际法正在逐步涉入原本属于国家内部管辖的事项，传统的属地优先权、属人优先权正在相应缩小。并且，随着国际关系的不断演变、国际经济全球化趋势、国际社会组织化趋势、国际社会依存性的进一步增强，纯属国内管辖事项的范围还在继续缩小。因为主权国家为了更好地实现自身的整体利益和长远利益，都可以或正在自觉地牺牲部分主权利益。[2] 表现在国际刑事司法合作中，刑事诉讼移管请求国必须在放纵国际犯罪，漠视国际犯罪的存在，与损害国家眼前利益、让渡刑事管辖权之间作出权衡和抉择的时候，如果属于有限让渡刑事管辖权即能够更好地维护国家主权、安全和利益的情形，任何一个国家都会毫不犹豫地作出请求刑事诉讼移转管辖的决定。正如马克思（Karl Marx）所说："人们奋斗所争取的一切，都同他们的利益有关。"[3]况且，有限地放弃、让渡刑事管辖权是国家自主、自愿的行为，是国家行使刑事管辖权的一种方式，是有效保障和实现国家利益最大化的一种有效手段。可见，刑事诉讼移管是国家主权让渡的一种方式。

刑事诉讼移管是刑事管辖权本质和刑事管辖权行使的辩证

---

〔1〕 杨泽伟：《主权论——国际法上的主权问题及其发展趋势研究》，北京大学出版社 2006 年版，第 40 页。

〔2〕 董宁博、刘凯、杨斐：《试析全球化时代国家主权让渡的现实可能性》，载《国际关系学院学报》2010 年第 2 期。

〔3〕 中共中央马克思恩格斯列宁斯大林著作编译局：《马克思恩格斯全集》（第 1 卷），人民出版社 2001 年版，第 82 页。

统一。刑事诉讼移管是国家行使刑事管辖权的一种方式。刑事管辖权的本质是刑事管辖权的基本性质和基本属性,是对国家刑事管辖权的理论总结,刑事管辖权的行使是国家在内外刑事事务中对刑事管辖权的运用,是对国家刑事管辖权的实践,是刑事管辖权的表现形式。一国刑事管辖权的内容包含两个方面,即刑事立法管辖权和刑事司法管辖权。前者确定了国家刑事管辖权的空间范围和对象范围,即国家刑事管辖权在什么样的空间、对何种人、对何种行为有效力,亦是国家依据司法主权对刑事案件所进行管辖的一种权力。后者确定了国家司法机构在行使刑事管辖权时所行使的具体权能及方式问题,是刑事立法管辖确定的行使管辖权的司法权能和行使方式的具体化,包括对犯罪行为的起诉、审判和执行,具有可操作性。一国依据刑事管辖权处理涉外刑事案件时需要一系列的条件,如依据国际条约、国内法便利惩处犯罪、已经羁押了犯罪嫌疑人、保全了证据资料、拥有足够丰富的司法资源等。倘若缺乏某一个条件,刑事诉讼将难以进行,或者要付出更大的努力。此时,一国可以自己自主决定如何行使刑事管辖权,自主决定是否让渡、是否委托他国行使刑事管辖权,并不受任何他国的制约,在特定情形下,主权国家还拥有对让渡刑事管辖权的收回权力。简言之,国家让渡部分刑事管辖权并非丧失、削弱了刑事管辖权,而是国家审时度势,坚持刑事管辖权本质的前提下,结合特定国际犯罪形势灵活行使国家刑事管辖权的一种方式。

综上,国家主权让渡论是刑事诉讼移管的逻辑前提,刑事诉讼移管是国家主权让渡、国家行使刑事管辖权的一种方式。这个原理,为解决我国近年来贪官外逃、“贪了就逃,逃了就了”等问题,惩处外逃贪官提供有力的理论支撑。目前,党中央和国务院以及国家最高司法机关、外交机关在通过外交途径以及传统的司法协助形式在惩处外逃贪官的问题上收效甚微,遣返、引渡回国、追回资产的案例少之又少(如赖昌星案,历经十多年的努力,支出的人力、物力、财力成本惊人),导致国内一些意志薄弱的官员利用公权力谋取巨额私利后积极谋划逃出国外,因为在贪官们看来逃出国外往往能够规避我国法律的惩罚。面对遣返、引渡外逃贪官难、花费大的客观实际,笔者主张,我们不妨变换一种思维方式,着力寻求其他的也能够达到惩处外逃贪官、警示他人目的路径。首先,树立间接行使刑事管辖权的司法理念。惩处犯罪的最有效手段是在本国境内适用本国的刑事法律审判犯罪分子,即直接行使刑事管辖权的方式。然而,当这种方式无法实行、不能实行时,如犯罪分子在国外,本国刑事法律规定不得进行缺席审判,可以考虑有限地放弃、让渡部分刑事管辖权能,授权或委托他国行使部分刑事司法权能,同样能够实现惩处特定犯罪、特定犯罪嫌疑人的目的,能够破除犯罪分子逍遥法外的难堪局面,为此,我们可以积极寻求与外逃贪官藏匿国进行刑事司法合作,灵活地运用外交政策,结合该国的刑事法律规范,主动地提出进行刑事诉讼移管的请求,在引渡不能、遣返不能的困境中探究惩处犯罪的新途径。其次,我国在与外逃贪官藏匿国广泛进行司法合作、展开刑事诉讼移管的过程中,我们可以明确地表示让渡、放弃外逃贪官特定罪行的刑事管辖权能,如外逃贪官在国内欺诈办理出国境手续、妨害他国国边境管理、违反他国移民管理的规定、涉嫌欺诈他国财税政策法规的行为、涉嫌洗钱犯罪等,保留外逃贪官在国内实施的涉嫌贪污、受贿、滥用职权、渎职等罪行的管辖权迫使其在当事国接受刑事处罚后不得不被驱逐出境回到国内，迫使外逃贪官主动放弃“政治避难”的申请，斩断外逃贪官的退路。最后，我国应当主动依法收集、移交外逃贪官实施犯罪的相关证据资料，积极提供远程视频取证、进行联合侦查合作、执法合作，必要时组织证人出国作证、鉴定，方便外逃贪官藏匿国依法进行裁判。

(四)欧洲国家主权让渡的实践

可以这样认为，国际社会是一个由主权国家组成的很广泛的“社会契约”，为了维护全人类的共同利益，维护国际社会秩序，在适当的时候有限让渡部分国家主权，一国的自我限制、让渡国家主权是为了更方便地行使权力，并不意味着动摇了国家主权作为构成国际关系的基础和国际法的核心地位。在现代国际法上，主权不能被推至极端，随着国际社会组织的加强，主权权力是可以适当加以限制、分割、让渡的，但必须是公认国际法所允许的。[1] 这在世界法律的试验地欧洲表现的尤为突出。

欧洲政治、经济一体化的进程同时是成员国的国家主权在原有基础上逐步深入让渡的过程。1992 年《马斯特里赫特条约》的生效客观上使得欧洲一体化进入全面发展、深入推进的新阶段，经济领域的统一大市场体系逐步巩固，并在此基础上扩展实行共同外交与安全政策、司法和内务等原本国家主权固有的专属的领域。欧盟近年来的立法、司法、外交实践已经证明，在欧盟的层面上协调、处置主权国家处理的事务已经成为不争

〔1〕 曾令良:《论冷战后时代的国家主权》，载《中国法学》1998 年第 1 期。

的事实，欧盟成员国的主权权力呈不断缩减和日益受到限制的趋势。[1]

第一，主权让渡的领域广泛。1952 年 8 月，欧洲煤钢共同体的建立，标志着共同体成员国已开始有限让与经济领域的部分主权，而共同体开始行使原本属于国家主权范围内的权力。1958 年 1 月 1 日，《欧洲经济共同体条约》和《欧洲原子能共同体条约》的签署、生效，使欧洲合作扩张至所有经济部门。1992 年，欧洲货币联盟的建立，使欧洲国家货币发行权和金融调控权让渡于欧盟，同时，各成员国敏感的政治主权也正在进行深入地让渡。《马斯特里赫特条约》要求成员国实行“共同外交和安全政策”，进行“司法和内务”方面的合作，除了在经济领域实行超国家层面的统一大市场体系外，在国家政府间合作层面创建了支柱体系。2007 年，《里斯本条约》生效，欧盟取消了国家政府间层面的第二、第三支柱体系，欧盟国家在单一市场、货币金融政策和预算政策领域；在司法和内务、能源、科技发展政策领域；在农业、环境和渔业政策等主权国家所拥有的一切重要决策的领域几乎都有欧盟的介入，甚至是起着主导的作用。

第二，主权让渡的领域日益深化。欧洲统一大市场和成员国国内市场几乎没有本质上的区别，欧洲议会、委员会的立法创议和立法执行机制、对成员国不遵循或违反欧盟法的约束机制，欧盟在国际社会已经赢得了与主权国家一样的国际法主体资格。

[1] 何志鹏：《欧洲联盟法发展进程与制度结构》，吉林大学出版社 2007 年版，第 242 页。

第三，主权让渡在环境领域的适用。欧盟的环境法律制度有的可以直接适用于成员国范围之内，即使不能直接适用的“指令”（Directives），经成员国“吸收”后立即成为国内强制法，不仅直接约束政府，而且直接适用于成员国的居民。如果成员国国内法与其相冲突，实行欧盟法优先。

欧盟国家主权让渡属于自愿与合作的性质，各成员国享有愿意终止或者退出的自由，欧洲一体化给成员国带来的经济利益和整体利益是维系成员国与欧盟关系最牢固的纽带。欧盟的存在并未影响其成员国的国际法主体地位，各成员国仍然是独立的主权国家，有强大政治、经济、文化、环境背景为依托的主权国家。主权国家让渡主权是为了使其全局、根本利益、长远利益的最大化，不是“施舍”，而是“投资”。

三、或引渡或移管

在国际刑事司法合作的实践过程中，或引渡或起诉原则日益显现出其不可避免的、无法克服的局限性，已不能适应预防和惩治当代国际犯罪形势发展的需要，对此，笔者提出主权国家在合作预防和惩治国际犯罪、跨国犯罪的过程中，倘若不能、不便、不愿实行引渡犯罪分子时，务必还要履行对国际社会整体的国际义务，务必对相关刑事案件通过一定的方式实际地行使刑事管辖权，或者引渡犯罪分子，或者将案件移交给他国，或者接受他国移交案件，即实行或引渡或移管，以此杜绝、消除国家的不作为、放纵犯罪的现象，因此，笔者认为，或引渡或移管也应当是刑事诉讼移管的法学理论基础之一。

（一）产生背景

1.“或引渡或惩罚”思想

1625年，格劳秀斯在《战争与和平法》一书中指出：“由于通常情况下一个国家不会允许另一个国家的武装力量进入其领土惩罚犯罪，所以罪犯所在的王国就有必要基于受害方的控诉，或者自己对犯罪进行惩罚，或者将其移交给受害方处置。”[1]此即法谚或引渡或惩罚的渊源。格劳秀斯还论道：“在21世纪和20世纪里，欧洲的大部分地区普遍奉行这一做法，即有权要求将逃入其他王国的罪犯加以惩罚或者进行移交，这些罪行包括犯下危及国家安全或者令人发指的暴行。”[2]在当时，格劳秀斯的主张并没有被世界各国普遍接受。但其提出的犯罪人所在国和受害国合作“惩罚国际犯罪”的思想，对指引当时以及当今的国际刑事司法协助仍然具有相当的指导意义。针对“影响到整个人类社会的罪行”（国际犯罪），在相关“独立国家或主权者”不允许他国“侵犯其主权”进入其领域、又不移交逃犯的情况下，相关“独立国家或主权者”负有惩处国际犯罪的强制义务，防止犯罪分子所在国、藏匿国纵容罪犯，或者自己依据国内法惩处犯罪分子，或者将犯罪分子移交他国审判即引渡。格劳秀斯的核心思想是“惩罚犯罪”。同时格劳秀斯也注意到对“影响到整个人

---

〔1〕［荷］格劳秀斯：《战争与和平法》，何勤华等译，上海人民出版社2005年版，第381页。

〔2〕［荷］格劳秀斯：《战争与和平法》，何勤华等译，上海人民出版社2005年版，第320页。

类社会的罪行”的界定，强调“司法调查应当先于移交”。[1]

2. 或引渡或起诉的“入律”

引渡是国际社会最早进行司法合作、共同惩处国际犯罪的一种司法协助形式，但这并不说明国际社会对引渡的具体规则不存在争议。事实上，大陆法系国家和英美法系国家在对待本国国民是否引渡的问题上态度就不同，在刑事管辖权的确定上也不同。如大陆法系国家坚持本国公民不引渡，而英美法系的某些国家在特定时期则持相反的态度。因此当两类国家间遇到逃犯的引渡问题时，就存在可能使犯罪分子逃避惩罚的漏洞。国内学界引用率颇高的典型案例就是 1878 年发生在英国与瑞士之间的威尔逊引渡案。威尔逊是一名英国公民，在瑞士实施犯罪后逃回英国。犯罪地国瑞士向犯罪分子所在国（也是国籍国）英国提出引渡威尔逊的请求。英国法院在审理过程中发现，根据 1874 年英国和瑞士签订的引渡条约，两国互不引渡本国的公民，因此拒绝了瑞士的引渡请求。英国在当时属于严格遵循属地管辖权的国家，不对本国公民在国外的犯罪行为予以惩罚，导致犯罪分子威尔逊因此逃脱了法律的惩罚。但这种现象不为国际社会所能接受和容忍，明显违背了英国对国际社会整体的义务。为了堵塞上述漏洞，1880 年英国与瑞士重新签订了引渡条约，即第一个承认“不引渡就起诉”的双边条约。该条约规定：英国同意引渡在瑞士犯罪的而在英国发现的所有人（包括英国公民）；瑞士同意引渡在英国犯罪而在瑞士发现的、

---

〔1〕 Michael Plachta, (*Non* –) *Extradition of Nationals*: *A Never ending Story*? Emory International Law Review, Vol. 13, 1999.

除瑞士公民以外的所有人,但是瑞士应当将在英国犯罪而不予引渡的瑞士国民,按照瑞士法律进行起诉。[1] 随后,普遍的国际刑法条约逐渐将该原则演变为或引渡或起诉原则(aut dedere aut judicare),并且写入很多重要的国际公约中。如1929年《防止伪造货币公约》、1936年《禁止非法买卖麻醉品公约》等。1970年,《海牙公约》(制止非法劫持航空器公约)第7条作出论述该原则的标准范本:在其境内发现被指称的罪犯的缔约国,如不将此人引渡,则不论罪行是否在其境内发生,应毫无例外地并无不适当延迟地将案件提交其主管当局以便起诉,该当局应按照本国法律以对待任何严重性质的普通罪行案件的同样方式作出决定。21世纪之初生效的《联合国打击跨国有组织犯罪公约》《联合国反腐败公约》中均有类似的条款。因此,促使或引渡或起诉得以发展,并且写入国际公约的是本国国民不引渡规则在适用中所遇到的强有力的挑战。

关于"不引渡就起诉"和"或起诉或引渡"的说法有无不同,有学者认为,依据"不引渡就起诉"原理,起诉的义务是强制性的。在"或引渡或起诉"规则里,引渡和起诉的义务也都是强制性的,而不是任意性的,只不过是选择其中一项加以履行。[2] 对此,笔者赞同成良文博士的观点:"不引渡就起诉"与"或引渡或起诉"两者在司法实践中的效用相同,它给引渡被请求国提供了选择的可能,引渡和起诉二者选择其一,在这一点上两者都是同一的,选择是任意的,选择后的作为都是强制性的。"不引

〔1〕 林欣:《国际刑法问题研究》,中国人民大学出版社2000年版,第263页。

〔2〕 林欣:《国际刑法问题研究》,中国人民大学出版社2000年版,第263~264页。

渡就起诉”与“或引渡或起诉”实质内涵是同一的。根据笔者对相关英文资料的解读，倾向于认为“不引渡就起诉”与“或起诉或引渡”两种不同的说法是由于英语语言的习惯、风格的不同造成翻译上的细微差异。重心均在“起诉”义务的强制性上。

3. “或引渡或起诉”的缺陷

初步的正义要求惩罚国际法项下的严重犯罪，还有，“报应”的思想具有自己的位置，这是无法否认的。人们相信：不惩罚侵犯人权的实践（一种“不惩罚的文化”），是这些犯罪顽固地一再发生的重要原因，联合国安理会认为起诉和惩罚那些有罪的人将对防止侵犯人权作出贡献。〔1〕

《国际刑事法院规约》在序言中强调：“与国际社会整体有利害关系的最严重的犯罪，一定不能在不受惩罚的情况下脱逃，并且……必须在国内层面采取措施和提供国际合作来保证对它们提起有效的起诉。”各成员国均承认“各国有义务对犯有国际罪行的人行使刑事管辖权”，〔2〕国家应当承担起诉义务，习惯性国际法承认对国际法项下的犯罪实施国有起诉的义务。〔3〕根据国际条约，对于灭绝种族和国际武装冲突中的战争罪等来说，均存在这个义务。20 世纪 90 年代，美洲人权法院作出的一个决定引发了一场学术讨论，在这场讨论中的参加者认为，对任何严重侵犯人权的起诉义务均是存在的。美洲人权法院认为，一

〔1〕［德］格哈德·韦勒：《国际刑法学原理》，王世洲译，商务印书馆 2009 年版，第 41 页。

〔2〕［德］格哈德·韦勒：《国际刑法学原理》，王世洲译，商务印书馆 2009 年版，第 75 页。

〔3〕 C. Kress, 30 *Israel Yearbook on Human Rights*(2001), p. 103, 163, 237.

个国家有法律义务防止侵犯人权,应认真调查这种侵犯的证据,认定应该负责的人,运用恰当的刑罚,并且保证给被害人提供适当的补偿。根据这种解释,起诉的义务来自国家保障人权和提供有效法律保护的义务。[1]

然而,由国家承担起诉义务,在实践中取得效果很有限。[2]

第一,德国格哈德·韦勒认为,国际法项下的犯罪是典型的国家犯罪,把起诉国家犯罪的义务完全交给国家承担,就意味着自己对自己的行为作出判决。这是一种理论上的悖论。更何况把根据条约义务采取行动的全部责任赋予各缔约国,容易受到各缔约国国内政治、经济、文化因素影响,各缔约国执行起来差异很大,它的适用与执行不稳定,缺乏制裁违法行为的统一标准和一般规定,容易造成定罪紊乱,各缔约国往往利用若干禁止性规范,既缺乏共同性,又与整体结构、一般规则没有什么联系。[3] 对被告人在缔约国刑事诉讼中的地位和权利,由于缺乏保护的措施,也难以得到有效的保证。

第二,格劳秀斯的"或引渡或惩罚"思想被认为是普遍性管辖原则的理论渊源。他主张侵犯全人类的罪行是违反自然法的罪行,各国具有制止这种犯罪的普遍义务,而不问执行惩罚的国家是否与该罪行有关。对此,有学者提出"或引渡或惩罚"是世界各国履行这种普遍义务的具体方式。这种普遍性管辖义务由

〔1〕 黄涧秋:《论国际刑法中的"或引渡或起诉"原则》,载《当代法学》2008 年第 1 期。

〔2〕 [德]格哈德·韦勒:《国际刑法学原理》,王世洲译,商务印书馆 2009 年版,第 76 页。

〔3〕 黄肇炯:《国际刑法概论》,四川大学出版社 1992 年版,第 44～45 页。

国际刑法公约加以规范,通过国内司法机关转化为国内法规范来执行。这在国际刑法学上称为间接执行模式。由多边国际条约规定国际犯罪,各缔约国负有按其国内刑法对它起诉的义务,或者把犯罪分子引渡给要求对他们起诉的国家,即"或引渡或起诉"。但由于世界各国确定刑事管辖的标准和原则各不相同,导致国家间的刑事管辖冲突时常发生,表现为各国积极"争管"的纯正作为形式、都"不管"的纯正不作为形式、一国愿意管辖对应他国既不引渡也不起诉的混合形式,不论表现形式如何,最终造成的后果总是"或起诉"[1]被束之高阁。因此,管辖权的确定成为"或起诉"无法绕开的前提,如何确定管辖权超出了"或引渡或起诉"所涉猎的范围。

第三,对"或起诉"的诠释,在国内目前的学术著作中可以查到的主要有以下三种:一是移交该国司法当局,由该国司法当局依据国内法自由裁量是否提起诉讼(公诉);二是直接向该国审判机关提起公诉,移交案件,要求追究犯罪分子的刑事责任;三是审判,"或引渡或起诉"就是"或引渡或审判"。仅仅从字面上看,以上三种解释的区别在于处在决定是否提起公诉、已经决定提起公诉、已经交付审判三个前后递进的不同诉讼流程阶段,但一个共同的前提是均要受制于该国的起诉制度。综观世界各国的起诉制度,大致可以概括为两种模式:一种是"起诉法定主义",检察官对可追诉的犯罪,只要有证据证明存在犯罪事实,应一律起诉,没有自由裁量权;另一种是"起诉便宜主义",检察官在一定范围内拥有起诉裁量权,对具备起诉要件的某些刑事

[1] 对"或起诉"的理解下文将详细叙述。

案件,基于某些方面的考虑,作出不起诉的决定。自由裁量主义最早出现在古希腊的政治学领域,集中表现为主权者在处理事务时采取较为灵活的方式。在实行"起诉便宜主义"的国度,检察官拥有广泛的自由裁量权。然而,正如孟德斯鸠在《论法的精神》中指出:"一切有权力的人都容易滥用权力……"〔1〕因此,在起诉裁量主义模式下,起诉裁量权先天就患有一种正当性"缺失症"。〔2〕

从某种意义上讲,"或引渡或起诉"原则基本符合当下国际刑法、国际刑事诉讼法的发展水平。但是,在国际司法协助实践中仍然存在由于受当事国意志、司法制度尤其是起诉制度的影响,造成当事国置国际条约义务于不顾,推出诸多理由不履行国际义务,甚至阻挠起诉和引渡,国家起诉不作为的现象时有耳闻。因此,我们应提倡和坚持国际刑事司法合作,敦促各国履行对国际社会整体的普遍义务,对国际公约规定的国际犯罪、跨国犯罪履行事实上管辖的义务。〔3〕

(二)"或引渡或移管"的具体内涵

1. 国家起诉的不作为

当事国在既不同意引渡又不承担起诉义务时,往往推出相关国际公约以及本国法规定等诸多理由,以此作为托词和依据。

〔1〕［法］孟德斯鸠:《论法的精神》,商务印书馆1961年版,第154页。

〔2〕唐泰来、王海军:《起诉裁量权正当性研究》,载《河北法学》2009年第7期。

〔3〕张旭:《国际刑法——现状与展望》,清华大学出版社2005年版,第16页。

因此有必要做深入的剖析。

(1)相关国际公约的模糊性

依据“或引渡或起诉”原则的宗旨,从形式上看,“起诉”的含义应当是要求主管司法机关提起诉讼,将不予引渡的被请求引渡人提起公诉,以便启动审判程序,追究被请求引渡人的刑事责任,实现惩罚犯罪的目的,侧重点在于是否启动了公诉、起诉程序。对此,相关国际公约的规定却很不明确,正如我国有学者指出,某些国际公约要求各缔约国应当将案件提交给主管司法当局的义务是确定的,但是,缔约国的司法主管当局是否必须将该案件提起诉讼存在争议。[1]《欧洲引渡公约》第6条第2款规定,“如果被请求国不引渡其国民,应请求国的请求,该国应将此案提交给其主管机关,以便主管机关认为适当时提起诉讼”。据此,如果被请求国因某种理由不同意引渡本国国民,则应当移交主管司法机关,目的是“以便主管机关认为适当的时候提起诉讼”。但是,它没有给被请求国设置强制提起诉讼的国际义务,仅仅是要求被请求国向司法主管当局移交案件。再则,有的国际公约比如《关于制止非法劫持航空器的公约》《蒙特利尔公约》等却赋予主管机关自由裁量决定起诉是否适当。使得一些国家规避国际公约,没有对劫机犯实施严格的惩罚。[2]即便2003年《联合国反腐败公约》也是如此。

---

〔1〕 黄涧秋:《论国际刑法中的“或引渡或起诉”原则》,载《当代法学》2008年第1期。

〔2〕 Paul Stephen Dempsey, *Aviation Security: The Role of Law in the War Against Terrorism*, Columbia Journal of Transnational Law, Vol. 41, 2003.

(2)起诉裁量权的正当性缺失

一国的起诉程序一般由国内的刑事诉讼法律规定,起诉独立是国内刑事法程序中的一个主要原则,[1]一国司法机关在起诉程序上具有独立性,凸显在一国的起诉制度的不同模式上。在起诉法定主义模式下,检察机关没有自由裁量余地,对符合提起公诉要件的案件应毫无例外地移交审判机关;在起诉便宜主义模式下,法律赋予检察机关在审查起诉的灵活处分权,对依法既可以提起公诉又可以不提起公诉案件的裁量权。法律允许检察机关在规定的范围内,根据案件的性质、情节、危害后果、行为人的人身危险性等,出于公平、正义的理念或提起公诉,或不提起公诉等。一国检察机关的起诉裁量权是起诉便宜主义的主要内容与具体体现,在一国范围内其正当性与合理性不可置疑。但是,起诉裁量权自身又缺乏正当性标准,如在起诉的裁量过程中渗透着检察官个人的意志,作出的决定属于以国家意志为体现形式的掺杂个人意志的混合意志,检察官的个人意志有时对裁决结果会起到相当大的甚至是决定性的影响,在裁量过程中个人对案件的认识、看法、理解、心证无时无刻不再发挥作用,[2]导致在自由裁量的普遍正当性标准的缺失或不统一、无法统一。这在一国范围内还有可以救济、修正的有效途径和办法。但在国际社会,各个国家在审查案件时要受到国家利益、外交关系、司法制度等影响,“起诉独立是国内刑法程序中的一个

---

〔1〕 联合国国际法委员会第五十八届会议报告,A/61/10(2006)。

〔2〕 唐泰来、王海军:《起诉裁量权正当性研究》,载《河北法学》2009 年第 7 期。

主要原则,所以各国政府通常不接受起诉的义务”。[1] 主权国家不愿承担起诉的义务既有各自缔约国国内诉讼程序规范方面的现实性因素,又有政治性因素。对此,韩国学者李万熙教授认为:“或引渡或起诉”本来的目的在于防止缔约国依据各自的政治判断来回避对犯罪分子的处罚。但是事实上,由于实行这一条约制度的国内诉讼程序不够明确,所以,很有可能在决定中掺入政治或外交上的考虑。[2] “或引渡或起诉”赋予的利害关系国或犯罪人所在国的义务在实践中难以实现。[3] 这正是“或引渡或移管”可以很好解决的问题。

对此,刑事诉讼移管可以顺利地避开或者利用一国的起诉制度,是解决国际管辖权冲突的一种很好的途径。[4] 从刑事管辖权行使的角度分析,引渡本身是一国行使刑事管辖权的一种方式。如果被请求引渡国对被请求引渡的犯罪人和案件拥有管辖权,该国一旦同意引渡犯罪人,那么该同意引渡的行为本身意味着接受“移管”的请求,就是同意转移刑事管辖权,换言之,引渡的效力包括转移相关案件的刑事管辖权,除非当事国对相关案件作出不侵犯被引渡人人权、违背国际法的约定。因为如果被请求引渡国作出保留对被引渡人的管辖权、再次管辖的权力,

---

〔1〕 联合国国际法委员会第五十八届会议报告,A/61/10(2006)。

〔2〕 [韩]李万熙:《引渡与国际法》,马相哲译,黄河、黄芳审校,法律出版社2002年版,第135页。转引自黄涧秋:《论国际刑法中的“或引渡或起诉”原则》,载《当代法学》2008年第1期。

〔3〕 [韩]李万熙:《引渡与国际法》,马相哲译,黄河、黄芳审校,法律出版社2002年版,第135页。

〔4〕 郇习顶:《国家间刑事诉讼移管基础探讨》,载《江苏警官学院学报》2011年第3期。

则必然侵害被引渡人的合法权益，最轻的后果是置于被引渡人于“双重危险的”境地，这为国际人权法所不容。因此，在此情形下同意引渡意味着同意移管。假定被请求引渡国采取起诉便宜主义，检察官拥有充分的起诉裁量权，存在对该引渡案件、被请求引渡人有权作出不起诉、不提起公诉等决定的情形，也就是存在依据该国内法可能“合法”地放纵犯罪的情形，“或引渡或起诉”原则就显得无能为力，而这正是“或引渡或移管”的回旋空间。因为在这种情形下，被请求引渡国不同意引渡，依据国内法又无法履行国家起诉的义务，那么该国可以依据普遍性管辖原则取得管辖权，可以将案件移交其他利害关系国，或者接受他国的移管请求，依据国际刑法公约、双边条约取得“代理管辖权”，不再单纯依据国内刑事诉讼法的规定，而在国内结合国际刑法、国际刑事诉讼法的规定，代为进行国际刑事诉讼。因此，刑事诉讼移管可以顺利地避开或利用一国内起诉制度，可以有效解决国家间管辖权的冲突问题。但是由于“引渡”的概念已经为国际刑法学界众所周知，所以将被请求引渡国拥有管辖权而同意引渡、向请求引渡国移交案件、犯罪人的情形仍然称为“引渡”，但笔者坚持认为在此情形下，“引渡”即为“移管”。

2. “或引渡或移管”的提出

面对当今国际犯罪、跨国犯罪日益猖獗的发展趋势，以及“或引渡或起诉”原则在国际司法合作实践中存在以上诸多的缺陷和不足，笔者认为，我们应当寻求新的高效的解决方案和措施。为消除目前存在的当事国既不引渡又不起诉的国家不作为现象，防止纵容犯罪人现象的发生，在国际法的实施缺乏超国家的强有力的监督机制的情形下，反思现存的“或引渡或起诉”原则,重新审视其自身价值并加以修正和改进,促使其适应新的国际犯罪态势,不失为一个可以尝试的途径。笔者在此提出以“或引渡或移管”原则取代“或引渡或起诉”原则,对“或引渡或移管”的价值取向、法理基础等作简要探讨,目的在于谋求惩处国际犯罪、跨国犯罪和保障人权的新理论和新思路。不当之处请学界同人批评指正。

在诠释“或引渡或移管”之前,先对“移管”做一回顾。所谓“移管”,就是移转管辖的简称,在国家间转移、移交刑事案件的管辖权。该管辖与一国之内的管辖、移管不同。一国之内的管辖是指一国内的侦查机关、检察机关、审判机关在受理刑事案件上的分工,司法机关依据各自职能的不同在受理案件上的第一次分工。一国之内的移管是指刑事案件在一国内审判机关系统中不同区域的或者不同级别的审判机关之间进行转移,定位在案件受理的层面。而国家间移管则大不一样,首先移管的主体不再是一国之内的司法机关,而是不同的主权国家(尽管以具体的中央司法机关名义出现);其次,国家间移管不仅解决案件受理层面的问题,还包括尤为重要的内容:一国同意移管即表明承认移管接受国据此进行的侦查、起诉、审判和执行等各个诉讼流程的效力,如一国同意将案件移管他国意味着承认他国的刑事判决的效力,还要担负相应司法协助的义务等;最后,国家间移管具有双向性,倘若以某一个主权国家为中心,既包括其向他国移管,转移出去,又包括他国向该国内转移,转移进来。这与一国内移管(转移管辖)的单向性不同。简言之,国家间刑事诉讼移管是指一国在特定情况下,将自己享有管辖权的涉外案件移交他国管辖的一种国际刑事诉讼管辖制度。它不同于主权国家内部各司法机关之间的移转管辖。具有刑事管辖权让渡的彻底性、适用法律的复杂性、国际刑事诉讼的刑事司法属性。[1]

综上,笔者拟将“或引渡或移管”表述为:被请求引渡人所在国按照其与引渡请求国签订的有关引渡条约或者依据互惠原则,应当将被请求引渡人移交给请求国,如果出现被请求引渡人所在国不同意引渡、不能引渡、不便引渡的情形,则应当将该人该案移交给其他国家或者接受其他国家移交该案,以便追究被请求引渡人的刑事责任,恢复被犯罪行为侵害的国际社会秩序。“或引渡或移管”是国际刑事司法合作不断深化的产物,也是国家间刑事诉讼移管快速发展的结果,是对“或引渡或起诉”的延伸和发展,是实现惩处国际犯罪、跨国犯罪和保障人权、诉讼经济原则、恢复性司法的有效途径。

“或引渡或移管”是“或引渡或起诉”的延伸和发展。两者的内容密切关联。在规定“或引渡或起诉”的国际条约、双边条约中,几乎随处可见“诉讼移交”“案件移交”的内容,如 1998 年 5 月 7 日生效的《中华人民共和国和白俄罗斯共和国引渡条约》第 5 条规定:“不引渡本国国民的后果,被请求的缔约一方如果根据本条约第三条第(一)项拒绝引渡本国国民,在遵守本条约第二条规定的情况下,该方应根据请求的缔约一方的请求将该案件提交本国主管机关审理,以便根据被请求的缔约一方的法律对该国民提起刑事诉讼。为此目的,请求的缔约一方应向被请求的缔约一方移交与该案有关的文件和证据。”应当说将案

---

〔1〕 郇习顶:《国家间刑事诉讼移管基础探讨》,载《江苏警官学院学报》2011 年第 3 期。

件移交司法当局是“或引渡或起诉”不可分割的组成部分,只要存在被引渡人不被引渡的场合,该原则必然要求被请求国将犯罪人提交本国的司法当局。实际上,将案件移交本国司法当局即为“或引渡或起诉”的一种外在表现,“或引渡或起诉”是案件移交的实体法律基础。[1] 但是,是否可以说在时间顺序上,存在引渡后不能再进行案件移交的递进次序?笔者认为,引渡与“案件移交”之间不应当存在一种适用上的先后顺序,而仅存二者择其一的并列关系。正如格劳秀斯在《战争与和平法》一书中提道:“由于通常情况下一个国家不会允许另一方的武装力量进入其领土以惩罚罪犯,所以罪犯所在的王国就有必要基于受害方的控诉,或者自己对罪犯进行惩罚,或者将他移交给受害方处置……所以这些例子应被理解为并没有严格要求一个国家或君主必须移交罪犯,而是允许他们选择惩罚或者移交罪犯。”[2]“或引渡或起诉”赋予了被请求国或者将犯罪人引渡给请求国,或者依照本国国内法提交国内有关当局的义务。被请求国如果选择将案件提交国内有关当局,请求国则负有提供相应司法协助的义务,如提供罪犯在请求国犯罪的证据、文件、证人作证、鉴定等,以便利起诉事宜的顺利进行,要么选择同意引渡。当被请求国既不接受引渡请求,又不提请国内有关当局时,国际刑法公约赋予被请求国接受相关国家的引渡请求,或者将案件移交司法当局的义务就难以实现。在这种情形下,国际社会应当考虑设法逐步减少乃至消灭被请求国这种不作为现象的

[1] 赵秉志:《国际区际刑法问题探索》,法律出版社2003年版,第360页。

[2] [荷]格劳秀斯:《战争与和平法》,何勤华等译,上海人民出版社2005年版,第381页。

发生，赋予被请求国双向移交案件的权力和选择机会，强化被请求国积极行使管辖权的作为义务，强制敦促被请求国向外移管案件，或接受外国移管实现管辖相关刑事案件，应当说这是一种可以尝试的思路，以此促进国际社会密切合作共同努力预防和惩处国际犯罪。这正是“或引渡或移管”原则的初衷和题中之义。

国内国际刑法学界通常认为，国际刑法包括国际刑事实体法和程序法，是刑事实体法和程序法的统一，这与我国国内学界和立法机关将刑法和刑事诉讼法明确地区分开来截然不同，对此，笔者认为，从国际刑法产生的渊源、时代背景看，国际刑法诞生之初仅仅针对海盗犯罪、战争犯罪、反人类犯罪、侵略罪、种族灭绝罪等，至于在国家间如何进行合作共同惩处以上犯罪行为的具体程序，只有引渡以及随之而生的调查取证、送达诉讼文书等，因此，从国际刑法诞生之始，国际刑事程序法尚未成为主流，鉴于这样的传统以及国际刑法学界对之加以普遍认可和广泛流传，今天的国际刑法包括国际刑事实体法和程序法也就不足为奇。但是，笔者需要说明和特别强调的是，国际刑事诉讼法在国际刑事诉讼理论上已经成立，反对的声音渐弱，尤其是纽伦堡审判、东京审判、南斯拉夫、卢旺达等国际特别军事法庭的运行以及国际刑事法院的审判实践强有力地印证了国际刑事诉讼法的存在，笔者坚信，在不久的将来，国际刑事诉讼法必将会与国际刑法相提并论，成为独立的学科。

第二节 刑事诉讼移管的现实基础

在国际社会,国家间刑事诉讼移管的产生、发展具有一定的现实需要,它迎合了预防和惩治国际犯罪、跨国犯罪的需要、维护国际公共利益的需要;就主权国家而言,它又是实现国家司法主权的需要,还有政治(竞选)的需要、国家外交的需要等。限于本文的篇幅,笔者拟从控制国际犯罪的需要、维护国际共同利益的需要、实现国家司法主权的需要三个方面论述国家间刑事诉讼移管产生、发展的现实基础。

一、控制国际犯罪的需要

(一)当代国际犯罪的发展态势

经济全球化是我们所处时代最显著的特征和发展趋势。[1]从20世纪90年代初开始,国际政治格局、经贸状况发生了日新月异的变化。一方面是经济全球化、一体化影响到了世界各国、各地区的绝大多数行业。另一方面,国际犯罪日趋突出,特别是随着网络、通讯、交通等高科技在国际经济交往中的普及,形形色色的国际犯罪、跨国犯罪日益诡秘和复杂。"经济全球化在加速全球经贸自由流动、增加人类财富、造就全人类福祉的同时,也带来了跨国有组织犯罪、腐败犯罪、网络犯罪、恐怖主义犯

〔1〕 邵沙平:《国际法专题研究》,中国人民大学出版社2009年版,第4页。

罪等现代的和传统的犯罪，构成了对国际社会共同利益和全球经济安全的严重威胁。"[1]特别是跨国有组织犯罪（transnational organized crime），正如联合国预防犯罪和刑事司法委员会所指出的，已不再仅仅是一种模糊的罪恶，或者暂时的威胁，在一定意义上讲，是一种有形的非法企业（a tangible illicit enterprise），或者说是有组织的犯罪企业（the organized criminal enterprise）。犯罪组织内部实行采购、生产、运输、销售和财务等严密的分工，在不同的国家设立支部。它们利用合法的市场、企业，幕后非法操纵表面合法的交易，实质上形成了一个个地下经济体制。它们往往能够挤垮合法的竞争企业，迫使合法竞争者破产，而犯罪企业则获得更多的非法利润。跨国有组织犯罪还与跨国洗钱相互交织。洗钱不仅侵蚀着一个国家的经济，容易引起通货膨胀，而且影响全球的金融市场。洗钱的形式多样，如通过金融机构、现金走私、将现金变成可流通证券、建立并使用前台公司、空壳公司、使用娱乐场所、赌场、私用地下银行等，有的还利用网络转移"黑钱"。国家间法律制度上的差异和金融制度中的一些漏洞使惩处跨国洗钱犯罪相当困难，客观上削弱了惩处洗钱犯罪的压制态势。

腐败犯罪与有组织犯罪、洗钱犯罪等紧密相连，正在向智能化、国际化发展。在全球经贸往来中，世界各国的诸多政府官员腐败敛财，甚至受贿后跨国潜逃，严重危害了国家稳定和社会发展。腐败犯罪还与其他许多犯罪媾和，使腐败犯罪日益复杂；有

---

〔1〕 联合国前秘书长安南的讲话，载 http://www.org/chinese/events/palermoconvention/main.html，2012－04－06。

的政府官员利用公权力充当“保护伞”，通过洗钱使赃款“合法化”。就目前态势而言，腐败犯罪已经不再是局部问题，而是一种严重影响政府廉洁、经济繁荣的跨国普遍现象。为此，联合国呼吁世界各国进行充分的、全面的司法合作来有效预防和惩治腐败犯罪现象。

计算机网络技术是高科技领域的主要代表之一，它的出现和迅猛发展为人类构建了一个快捷、便利的虚拟世界，同时也为犯罪分子实施犯罪行为提供了更加有利的条件和机会。[1] 计算机网络犯罪伴随高科技信息的发展而变得越来越猖獗。犯罪形式多种多样，有的表现为袭击网站后在线传播计算机病毒，有的表现为以计算机网络为工具实施网络诈骗、洗钱、网络色情传播等。例如，2011 年 5 月，我国大陆公安机关在我国台湾地区公安机关、菲律宾、国际刑事警察组织的配合下，成功破获并抓捕了几百名跨国短信诈骗分子，涉案金额达数亿元人民币。犯罪的社会危害性极其严重，在国家各部门包括国防、金融、航运等均实行网络管理的今天，一旦遭到网络犯罪的侵入和破坏，后果将不堪设想，恐怖主义黑客可能使用病毒侵袭国家的经济、国防信息系统，攻击重要的基础设施。可以预言，网络入侵可能成为与核武器、生化武器并列的危害国际社会安全的第三大威胁。计算机网络处于广阔的虚拟空间，具有跨区域、跨国、极端隐蔽等特点，使得犯罪分子能够超越传统犯罪的限制、实现超长距离、超大范围的犯罪活动，易于修改犯罪痕迹，犯罪行为和犯罪

---

〔1〕 赵又芳：《当代国际犯罪的发展趋势》，中国人民公安大学出版社 2005 年版，第 128 页。

结果往往不在同一地点,侦查、取证、即便管辖权的确定都很困难,因此,仅仅依靠一国之力难以完成预防和惩治计算机网络犯罪的重任,必须加强国际合作,在全球范围内形成防范和打击计算机网络犯罪已成为世界各国政府面临的紧迫问题。

尽管世界上没有对恐怖主义形成一个统一的定义,但是世界各国对其通过暴力或者暴力威胁的方法使人们产生恐惧感从而达到某种目的,是一种有目的、有计划、有组织的犯罪的认识趋向一致。自20世纪30年代首次在秘鲁发生后,尤其是自20世纪90年代以来,恐怖主义活动更加猖獗,手段、方式不断升级,活动区域不断扩大,社会危害性严重,对国际社会的稳定、安全构成空前的威胁,往往导致社会动荡,放大人们的不安全感,而且对世界经济的发展造成很大的冲击,对国家的政治、外交和军事行动产生很大的影响。恐怖主义犯罪不同于一般犯罪,主要表现形式诡秘多样,还带有政治性动机。20世纪90年代初,随着冷战结束,作为战争转化形式的恐怖主义进一步猖獗,当前,国际恐怖势力明显反弹,恐怖活动回升,状况越来越严重,主要的发生地由发达国家或地区向发展中国家和地区转移,恐怖组织成员分布广、网络化程度高,淡化了国家的界线,恐怖活动几乎遍及世界的每一个角落,当今许多恐怖组织之间相互勾结,进行跨国合作,袭击本国和外国政府和人员,恐怖活动更加具有跨国性,袭击目标转向民用设施和平民、弱势群体,装备趋向高科技化、多样化。“恐怖主义是全球性的威胁。”[1]国际社会迫

---

〔1〕联合国原秘书长安南在2003年8月纽约召开的反恐怖主义的大会上的发言。

切需要建立多边合作机制,实行“全球反恐战争”。

毒品犯罪像瘟疫一样,遍及世界五大洲200多个国家和地区,已是国际社会的一大公害。当下,毒品犯罪集团在生产地、加工地和消费地之间已开辟了穿越若干国家的跨境秘密通道,从种植、加工、贩运一个统一的国际化体系和严密的国际贩毒网络,国际贩毒集团拥有自己的机场、飞机、船舰、汽车等交通工具,有的有强大的武装军队保护毒品的加工、运输和销售,犯罪手段不断翻新,具有隐蔽性和智能化、现代化特点。毒品犯罪已经成为国际社会的一大公害,世界各国正在加强自禁毒和缉毒方面国家间的密切合作。

形形色色的其他国际犯罪、跨国犯罪也正在威胁着世界各国、全人类的和平和安全。

(二)国际社会控制国际犯罪的合作机制

针对国际犯罪、跨国犯罪的猖獗态势,国际社会逐步加强国家间的刑事司法合作,不断创新了一系列国际刑法公约,建立了控制和惩处国际犯罪的新规则和制度,完善了法律合作机制。包括控制“洗钱”国际公约、《联合国禁止非法贩运麻醉药品和精神药品公约》、《国际刑事法院公约》、《制止向恐怖主义提供资助的国际公约》、《联合国打击跨国有组织犯罪公约》、《联合国反腐败公约》、欧洲理事会《关于网络犯罪的公约》等。上述国际公约的缔结、生效和实施,有力地推动了国际社会逐步建立健全控制和惩处国际犯罪的合作机制。[1]

---

〔1〕 邵沙平:《国际法专题研究》,中国人民大学出版社2009年版,第6页。

第一,建立了通过控制洗钱来遏制国际犯罪的新机制。针对传统的国际法律合作措施不足以有效预防和惩处经济全球化情势下的洗钱行为,难以惩治有组织犯罪的隐瞒或掩饰犯罪收益的现状,联合国倡导世界各国扩大国际刑事司法协助的范围,把调查取证延伸至各种金融机构,明令各成员国将“洗钱行为”规定为国内法上的犯罪,要求务必没收犯罪收益。

第二,建立了打击跨国有组织犯罪的国际法律合作机制。联合国预防犯罪和罪犯待遇大会通过国际公约,要求世界各国实行刑事法律立法、犯罪侦查、执法合作等全方位的国际合作,将控制跨国犯罪的国际合作扩展到刑事实体法、程序法领域,采取刑事规范、金融监管、行政管制等多种手段控制跨国有组织犯罪。

第三,建立了通过国际刑事审判直接实施国际刑法的新机制。继纽伦堡审判之后,从20世纪90年代开始,国际社会惩处国际犯罪的机制发生了新变化,南斯拉夫国际刑事法庭和卢旺达国际刑事法庭的审判,《国际刑事法院公约》签订、生效和运行使国际刑法直接实施模式凸显了“强制法”的性质,促进了认定国际犯罪“标准”的形成,逐步形成了专门管辖国际犯罪的法律机制。

第四,在国际环境法领域,1998年《保护环境的刑法公约》明确了故意或过失犯罪的构成要件,要求缔约国转化成国内法,确定环境犯罪的刑事管辖权,采取必要的有效措施对危害环境犯罪提起诉讼提供司法协助。

以上预防和惩处国际犯罪、跨国犯罪的国际司法新机制在一定程度上实际地起到了控制和惩处国际犯罪、跨国犯罪的功效。但是,以上新机制的运作离不开各缔约国间进行积极、有效的司法配合。但是,在"国家主权""主权平等"被推崇至极的国度,其对国际犯罪、跨国犯罪的控制和惩处往往居于国家主权、国家利益之下,表现为对特定刑事案件的"争管"或"盲区"等管辖权冲突、竞合的现象屡见不鲜,这无疑不利于控制和惩处国际犯罪。而管辖权的确定是对犯罪案件展开侦查、调查的第一步,当国家间对刑事案件管辖权发生冲突时,如何确定管辖权正是国家间刑事诉讼移管研究的主要问题。因此,可以说,控制国际犯罪的需要是国家间刑事诉讼移管产生、发展的客观现实基础。

二、维护国际共同利益的需要

(一)新时期的国家利益

在以往的国际社会中,依据传统现实主义观点,主权国家被认为是唯一理性的政治行为体,国际社会被认为处于一种"无政府状态",是实际上的无政府自助体系,缺乏更高权威的强制性机构,每个主权国家都在寻求自身国家利益的最大化。加之世界各国对国家利益内涵的诠释以及维护国家利益立场的差异,国家利益往往成为阻隔国际司法协助的壁垒。

我国国内学者阎学通在《中国国家利益分析》中指出,国家利益可以定义为一切满足民族国家全体人民物质与精神需要的东西,在物质上,国家需要安全与发展;在精神上,国家需要国际社会的尊重与承认。[1] 这种物质和精神需要的具体内涵，西方结构现实主义学派代表人华尔兹认为，生存是国家唯一的利益。新自由主义学派代表人物乔治、基欧汉则主张存在生存、独立、经济财富三种国家利益。建构主义学派代表人温特在其后又增加了第四种利益——集体自尊。对此，笔者认为，尽管以上学者剖析国家利益的角度、侧重点、表述不尽一致，但仍有共同点：他们均认为国家利益是主权国家的根本利益之所在，是国家施行的一切外交和内政的根本出发点，国家利益至高无上，在国际政治中，最后的语言只能是国家利益，国家利益关乎主权国家外交政策的导向以及全部内政的根本问题。国家行为的基本动因就是增进国家自身的利益，任何企图偏离国家利益来描述、解释、预测和规范国际行为的努力都是有失偏颇的。

然而，当代国际社会的全球环境正在发生着急剧变化，主权国家和地区越来越认识到自身的局限性，国际上诸多问题如国际安全、交通通信、生态环境、经贸往来、刑事司法、国际犯罪、跨国犯罪乃至意识形态等均超越了单一国家的控制范围和能力范围，日益显现全球性的特征。传统的国家利益理论不能合理解释和应对正在发生的国家行为和交往模式发生的急剧变化的客观现实，以及对之有重大影响的各种因素。各种非国家行为体如政府间国际组织、区域组织、跨国公司、国际劳工组织等在世界舞台上非常活跃，且极具影响力。仅仅从一国内部看，国家利益具有阶级性；从国家外部看，国家利益包含民族利益，以一国国民共同利益的面貌出现，在一国的社会利益结构中处于最高

---

〔1〕 阎学通：《中国国家利益分析》，天津人民出版社 1997 年版，第 12 页。

地位。但是,在新科技革命和经济全球化的强力推动下,传统国际政治理论中的核心概念"国家利益"已不能准确描述、正确解释、恰当预测演变中的国际社会现实,一个国家以及一个地区的所有社会活动日益全球化,迫切需要赋予国家利益新的内涵即国际利益。在全球化时代下,国际社会行为体明显多元化,相互依赖逐步加深,全球性问题日趋凸显,全人类共同体意识不断强化,共同催生了原本国家利益所不能涵盖的范畴即国际利益。主权国家倘若要在全球化进程中真正实现自己的国家利益,不仅不能忽视国际利益,而且要最大限度地确保国际利益与国家利益相融合,进而积极探求实现国际利益的新途径,促进全人类的共同进步和繁荣。〔1〕 国际利益正在跨越国家的社会、政治和经济联系决定性地制约着生活在国家内的人们的命运。〔2〕 在一定意义上,国际利益超越了传统的国家利益,其广泛性与重要性不断增大。国家利益中心主义马基雅维利曾经说过的"当问题绝对在于本国永久幸福时,既不必考虑正义,也不比考虑非正义;既不必考虑人性,也不必考虑残暴;既不必考虑赞美,也不必考虑耻辱;任何其他观点都应摒弃,而无论如何应采取保全其生命和维持其自由的立场"〔3〕已经成为历史。

---

〔1〕 吴功荣:《全球化进程中的"国际利益"解析》,载《现当代国际关系》2003年第11期。

〔2〕 Richard H. Ullman, *Redefining Security*, International Security, Vol. 8, No. 1, 1983, p. 129.

〔3〕 曾令良:《21世纪初的国际法与中国》,武汉大学出版社2005年版,第6页。

（二）国际共同利益的形成[1]

从系统论的角度，根据国家利益获得的不同来源，可以将国家利益分为国内利益和国际利益。国内利益从本国国内获得，国际利益则从国际交流中获得。当主权国家在对外追求自身的国家利益时，既要顾及对方当事国的国家利益，又要考虑世界各国、相关国家的共同利益。而在主权国家、地区间进行经济交往并竭力追求国家利益的过程中，又均在维护全人类的生存和发展、人格尊严，促进国际社会整体的经济发展，实现全人类的共同繁荣。世界各国的国家利益相互补充、相互交叉，在根本上是一致的，促进了世界各国在当今经济全球化的时代形成全人类的共同利益和国际共同利益。

在以上所述国际犯罪、跨国犯罪日益猖獗的形势下，国际共同利益却正在受到国际犯罪行为的严重侵害。人们逐步认识到尽管主权国家实行的社会制度和意识形态存在分歧，但是，人类文化具有共同性，需要超越和克服民族国家、集团利益的局限，以全球的视野去全面考察、正确认识国际社会的生活和历史，以全新的“思维方式”[2]认识、分析、解决全球问题。即便是社会制度不同、意识形态、价值观念差异，发展程度不均，国情与历史传统迥异的国家和地区，在处理国际犯罪、跨国犯罪、腐败犯罪、网络犯罪、拐卖人口犯罪时，也只能搁置争议，互相合作，需要

---

〔1〕 笔者认为，国际共同利益与国际利益没有太大的本质区别，在此加上“共同”两字意在突出国际利益的广泛性和普遍性。

〔2〕 蔡拓：《全球问题与当代国际关系》，天津人民出版社2002年版，第439～440页。

“立足于全人类的高度系统把握国际社会发展的共性和规律，用整体的世界眼光和战略思维来分析和解决人类面临的共同危机”。[1] 共同追求和实现关乎全人类生存发展、人格尊严、共同繁荣的共同利益。

国家间刑事诉讼移管正是在这样的国际背景下产生与发展起来的，换言之，维护国际共同利益的需要是国家间刑事诉讼移管产生与发展的客观现实需要基础。

三、实现国家司法主权的需要

（一）主权国家间的司法障碍

当今世界，主权国家各有自己的领土和居民，各自建立了不同的国体、政体和司法制度。加之各国的文化背景、司法传统存在很大的差异，国家间只有通过合作，克服各种障碍，才能在相互协助的过程中解决国际性问题。在刑事司法领域，由于司法制度不同，国家间对犯罪的界定、认定犯罪的标准、证明犯罪的规则和刑罚的裁量规则不同，在预防和惩处国际犯罪、跨国犯罪的诉讼进程中存在重大的司法障碍，这种障碍存在于侦查、起诉、审判和执行的全部司法过程中，只要相关刑事事务具有涉外因素，诸多司法障碍即显现出来，并妨害当事国司法主权的实现。

在侦查阶段，一国的侦查人员很难在国外收集犯罪证据。

---

〔1〕 吴功荣：《全球化进程中的“国际利益”解析》，载《现当代国际关系》2003年第11期。

为获取犯罪证据，一般通过以下三种途径：一是请求国请求犯罪证据所在国代为收集证据；二是一国在征得证据所在国同意后派员至该国调查取证；三是请求了解案情的证人至办案国作证。但是，这三种途径和办法存在许多障碍，例如，当事国之间是否存在司法协助的双边条约或互惠关系；当事国是否愿意诉诸司法协助程序帮助、支持他国解决问题；当事国是否愿意接受他国的协助请求，如果选择第一种方案，被请求国的法律是否允许本国的司法机关帮助他国代为调查取证；如果选择第二种方案，即使被请求国的法律予以准许或特许，办案国的法律是否对在他国取得证据的法律效力是否予以认可；如果选择第三种方案，证人作证的程序、效力、证人是否愿意出国作证、证人人身安全的保护等均存在不容回避的司法障碍。

在起诉阶段，对外国犯罪嫌疑人、被告人的拘留和逮捕；犯罪赃款赃物的查封、扣押、冻结；公诉机关出庭支持公诉；外逃未被缉捕归案的被告人出席庭审、缺席审判时被告人权利的维护等，均需要当事国进行必要的协助和支持，否则当事国难以顺利进行刑事诉讼。

在审判阶段，一国的司法机关对相关涉外刑事案件、刑事事务是否拥有管辖权；一国针对特定的涉外刑事案件所作的刑事判决或裁定能否为他国承认和执行；如果一国愿意承认和执行他国的刑事判决或裁定须履行哪些法律手续、遵循哪些法律条件等，均是一国司法机关惩处国际犯罪、跨国犯罪案件必须考虑的问题。

在执行阶段，如果一国法律允许对逃犯进行缺席判决，倘若被处以刑罚，那么该国根本无法在国内予以执行，查封、扣押、没收和追缴在他国的资产更需相关国家的支持和帮助。

综上，当今世界国家间在侦查、起诉、审判和执行的全部司法过程中均客观地存在司法障碍，严重地妨害着一国司法机关在惩处国际犯罪、跨国犯罪以及其他具有涉外因素刑事事务时顺利实现国家的司法主权。

（二）实现国家司法主权的新途径

为了有效克服上述刑事司法上的重重障碍，通过本国的国家刑事管辖来惩处国际犯罪、跨国犯罪，世界各国均在积极寻求国际刑事司法协助，通过跨国侦查合作、起诉合作、审判合作和执法合作等机制来解决极其复杂的具有涉外因素的刑事事务，意图实现国家的司法主权，在客观上已经收到事半功倍的效果。

但是，当事国间进行上述诉讼阶段的合作的前提条件是当事国针对相关国际犯罪、跨国犯罪案件的管辖事宜不存在争议或争议已经解决，倘若当事国对相关刑事事务尚存争议，那么上述合作则难以进行。换言之，当管辖争议出现在进行上述诸多合作之前，那么最迫切需要解决的则不是侦查合作、起诉合作、审判合作和执法合作问题，而是管辖权的确定问题，解决管辖权冲突的问题。

在解决管辖权的国际冲突方面，国际社会业已提出了很多具有建设性的意见和方法，但是，国际刑事司法协助的实践证明，以往的司法协助形式收效有限，难以解决管辖权冲突的顽疾。而刑事诉讼移管正在解决管辖权冲突问题具有独特的价值和优越性，逐渐被国际社会接受和认可，并在实践中显现出了不可或缺的适用价值，可以说，刑事诉讼移管是新时期实现国家司法主权的一种新途径。详见本章第一节论述。

第三节　刑事诉讼移管的国际法基础

在国际刑事诉讼法领域，刑事诉讼移管作为一种具体的国际刑事诉讼法律制度，在国际刑事司法协助的大背景下，其生存、发展与运行需要一定的国际法的支撑，离开了特定的国际法基础，刑事诉讼移管将难以延续。笔者认为，目前，国际社会以国际公约、国际条约为主要形式，业已形成的国际刑事司法合作网络、国家间刑事法趋同的发展趋势、全球范围内国际刑事法治的崛起共同构成了刑事诉讼移管得以蓬勃发展的坚强后盾和有利条件。形式多样的国际刑事司法协助为国家间刑事诉讼移管提供了过硬的和必不可少的辅助条件，逐步趋同的国际刑事法为国家间刑事诉讼移管的开展消除法律上的障碍，国际刑事法治兴起为国家进行诉讼移管确立了高层次的追求目标，同时也在促进国家间进行刑事诉讼移管，合作惩处国际犯罪、跨国犯罪。

一、国际刑事司法协助网络

目前，国际社会已经形成了包括刑事诉讼移管在内的各种形式的司法协助网络。如传统的狭义的司法协助形式，以及新型的协助形式诸如联合调查、执法合作、远程视频取证、赃物追缴等。应该说，强大的严密的国际刑事司法协助网络在国际社会已经形成，并在惩处国际犯罪、跨国犯罪的过程中日益发挥着重要的作用。刑事诉讼移管需要这个强大的司法协助网络的帮助和支持才能够生存、发展和顺利运行，离开这个网络的配合刑事诉讼移管将寸步难行，或将寿终正寝，在这个意义上可以说，国际刑事司法协助网络不仅是刑事诉讼移管产生的条件，而且是刑事诉讼移管能够顺利运行的必备条件。因此，研究国际社会当下的刑事司法协助网络，对剖析刑事诉讼移管的国际法基础、国际法背景将有十分重要的意义。

（一）国际刑事司法协助网络

从20世纪80年代末开始，国际社会发生了巨大的变化，随着冷战的结束与经济全球化的发展，国际犯罪、跨国犯罪日益突出、猖獗，加上高科技、交通、通信以及网络技术的广泛应用，国际犯罪、跨国犯罪更加复杂、诡秘，国际有组织犯罪、洗钱犯罪、腐败犯罪、网络犯罪、恐怖主义犯罪等相互交织，构成对国际和平与安全，以及全球经济发展的严重威胁。为适应国际犯罪、跨国犯罪的新形势、新要求，国际社会制定、实行了一系列国际刑法公约、刑事司法协助公约，规定了诸多新的规则和制度，建立了通过控制洗钱犯罪来控制国际犯罪、控制法人犯罪的新机制、建立了国际刑事法院实施国际刑法的国际法律合作新机制等。从目前的状况看，严密、高效、深层次的国际刑事司法协助网络业已形成，并在有序运行。

1. 国际刑事司法协助的类型

以司法协助覆盖的范围为标准，可以分为全球性的、区域性的与个案的司法合作；以司法协助的主体为标准，可以分为多边协助与双边协助。多边协助主要有通过联合国、区域性国际组织以多边条约的形式,确立的是全球性刑事合作模式或者区域性刑事合作模式。双边协助是以两国之间签订的双边协议为根据,适用于协议当事国之间。在多边协助中,国际刑警组织主导下的国际刑事协助已成为当今国际刑事协助的一种重要的、具有广泛性的协助形式。

2. 传统的国际刑事司法协助方式

传统的国际刑事司法协助形式有:

一是文书送达和调查取证等。请求他国文书送达和调查取证是简单的协助形式,具有辅助性、服务性,为世界各国所接受。我国与相关国家订立的刑事司法协助条约以及最高人民法院出台的《关于执行中外司法协定的通知》等均予以了明确的规定。

二是引渡。这是最古老的也是最重要的司法协助形式。

三是外国刑事判决的承认与执行。自 20 世纪 70 年代以来,相互承认与执行他国生效的刑事判决为越来越多的主权国家所接受和践行。

3. 国际刑事司法协助的新形式

自 20 世纪 80 年代末以来,国际合作追缴犯罪收益、刑事诉讼移管、被判刑人移管等司法协助新形式逐步登上国际刑事司法协助的大舞台。

一是远程视频取证、联合侦查。一国的司法机关在本国境内通过通信卫星等电子手段连线处在他国境内的证人、鉴定人以及其他有关人员,实现他国调查人员对他们的询问和回答。两个或者两个以上可以协商组建临时调查机构,共同至相关国家境内进行侦查和取证。联合侦查和远程视频取证有助于揭示案件事实真相，确保诉讼程序上的公正。

二是“逮捕令签注”（endorsement）。1965 年，首先在英国和爱尔兰创设，随后澳大利亚、新西兰等国家也通过“签注”（endorsement）的方式相互承认和执行外国司法机关签发的逮捕令。意大利与西班牙甚至还建立了“共同执法领域”。2002 年，欧盟理事会还统一了“欧洲逮捕令”格式，大大提高了欧盟国家遣返逃犯的效率。

三是合作追缴犯罪收益。是联合国反倡导创建的一种追缴犯罪收益、没收非法资产的制度。2002 年，英国、澳大利亚《犯罪收益法》均予以明确的规定。[1]

四是被判刑人移管。判刑国依据协议将在本国受到审判的被判刑人移交给执行国监管，在国际社会已广为接受。

（二）我国与外国的刑事司法协助网络

依据我国司法部的资料，截至目前，我国共与 47 个国家缔结了双边刑事司法协助、引渡、被判刑人移管条约和协议，参加 28 项多边公约，同 147 个国家或法域开展刑事司法协助实践。我国与外国结成的刑事司法合作网络形式多样，种类较多，这个网络既是刑事诉讼移管得以生存、发展的“温床”，又为刑事诉讼移管的顺利进行提供了必备条件。

---

〔1〕 黄风：《国际刑事司法合作的新近发展》，载《法制日报》2009 年 3 月 6 日。

二、趋同的国内刑事法

在国家间开展刑事诉讼移管，面临的首要问题是适用不同国家的法律，其中不仅包括刑事实体法方面的，而且包括刑事程序法方面的。例如，刑事诉讼移管当事国对犯罪概念的界定、是否符合犯罪构成的判定、诉讼阶段的设定、审查判断证据的方式方法等，均是刑事诉讼移管过程中不可逾越的法律障碍。而当今国际社会，在长期的国际刑事司法协助过程中，世界各国、国际组织逐步加深了对彼此间法律体系、法律制度的了解，在相互吸收、借鉴对方法律制度、法律规范的基础上，在特定的领域、对特定的问题逐步达成了共识，出现了在某些领域的法律的趋同态势。这为国家间进行刑事诉讼移管逐步消除了法律上的鸿沟，有利于刑事诉讼移管的顺利进行。

（一）刑事法律的趋同态势

1. 国内法的国际化

在国际关系中，国际化一般是指不同国家在政治、经济、法律、文化等各方面相互联系、彼此影响的程度。与此相对应，法的国际化是指不同国家在法律上相互联系、彼此影响的程度。

关于法的国际化的具体内涵，沈宗灵教授、[1]孙笑侠教授、[2]公丕祥教授[3]做出了多种解释，但更赞同从三个方面揭示的法律国际化的基本标志和内容：国内法之间的相互影响，国际法的形成，国际法与国内法的互动。[4] 法的国际化"就是法律在国际范围内的交流和传播，从而使法律具有世界性的特征的过程和现象"。[5] 就我国法律体系的演进进程来看，曾经模仿西方列强的法制，移植西方国家一些基本的"法律理念和法学观、法律制度和原则、法律框架与体系，以及法律术语，使我国的法律发展出现了前所未有的现象"。[6] 法的国际化现象不仅曾经发生过，而且还在现实地进行着。发展趋势日益凸显，已为国际社会、国际法学界所公认。我国有学者详尽地阐述了中国刑法的国际化问题就是很好的例证。如有学者指出中国刑法的国际化，是世界范围内刑法国际化的重要组成部分。它是指我国根

---

〔1〕 沈宗灵：《法理学》，北京大学出版社 1999 年版，第 118 页。沈宗灵教授认为，法的国际化包含两层含义：一是指各个国家或地区的法律相互借鉴与吸收，逐渐达成共识，也就是通常所说的在某些领域中使本国的法律与国际上通行的法律相互衔接。二是积极参与国际立法的起草和制定工作，签署、批准和加入国际协议，严肃认真地履行自己所承担的国际义务。

〔2〕 孙笑侠：《法的现象与观念》，山东人民出版社 2001 年版，第 23 页。孙笑侠教授认为，"法的国际化是指法顺应国际社会的法律合作、交流、融合乃至局部统一的趋势"。

〔3〕 公丕祥教授认为，"所谓法律发展的国际化，主要是指在法律文化的传播与交流的过程中，各个主权国家的法律制度蕴含着世界法律文明进步大道上的共同的基本法律准则，使各国的法律制度在某些方面彼此接近乃至融合，进而形成一个相互依存、相互联结的国际性的法律发展趋势"。

〔4〕 黄文艺：《法律国际化与法律全球化》，载《辨析法学》2002 年第 12 期。

〔5〕 曹全来：《国际化与本土化——中国近代法律体系的形成》，北京大学出版社 2005 年版，第 156 页。

〔6〕 何勤华：《法的国际化与本土化：以中国近代移植外国法实践为中心的思考》，载《中国法学》2011 年第 4 期。

据国际社会共同打击国际犯罪的需要,或者根据保护普遍性人权的要求而参与缔结、批准国际公约,甚至根据并未加入的国际公约的内容,在刑法中作出同一或协调性规定并予以完善的过程。[1] 更有学者提出了刑法国际化原则的主要内容:以各国国内法律框架和法律制度为前提;以国际社会共同认可的价值追求为基础;完善现有国际公约规范,建立惩治国际犯罪和跨国性犯罪的全球性指导原则。[2]

2. 国内法律的趋同趋势

在国内法趋于国际化的同时,还出现了趋同化显现。不同国家的法律相互吸收、渗透,从而趋于接近甚至走向一致。主权国家在国内法律的创制和运作过程中,越来越多地涵纳国际社会的普遍实践与国际惯例,积极参与国际法律统一的活动,接受或加入已有的国际法条约。[3] 自20世纪80年代以来,随着国家间各种交往的急速增加,传统社会主义国家向市场经济的转型,国际社会应对全球性问题、人类共同危机的议题表现出更多的全球性和更少的民族性,确立了"国际社会本位"。[4] 这一点在欧洲联盟内部表现得尤为突出。

3. 法律趋同的含义

就目前国外法学界所指的法律的"convergence",主要是指

---

〔1〕 胡陆生:《中国刑法国际化原则的探究》,载《求索》2007年第3期。

〔2〕 高铭暄、[法]米海依尔·戴尔玛斯·马蒂:《刑法国际指导原则研究(法国课题组建议部分)》,中国人民公安大学出版社1998年版,第1页。

〔3〕 李双元、张茂、杜剑:《中国法律趋同化问题之研究》,载《武汉大学学报(哲学社会科学版)》1994年第3期。

〔4〕 李双元、张茂、杜剑:《中国法律趋同化问题之研究》,载《武汉大学学报(哲学社会科学版)》1994年第3期。

法律的趋近、趋向统一或一致等;法律之间的"harmony"或"harmonization"是指法律趋于和谐或一致。"convergence"与"harmony"或"harmonization"在表征法律的发展趋势上含义基本没有区别,可谓是同义语之间的相互转换。而法律的"assimilate"则表征各国法律之间的相互吸收、同化以及使它们相一致的现象。各国法律之间在特定领域的相互吸收、同化的法律结果表现为国际条约或公约,达到彼此统一的状态即"uniform"。在此(assimilate)过程中,又随着法律的"internalization"。我国唐宋法律的"出口",我国近代移植西方资产阶级启蒙思想家格劳秀斯、洛克、孟德斯鸠、卢梭、贝卡里亚等人的法律理念和法学观、移植近代西方资产阶级的法律制度和原则、司法制度、大量的法律名词、概念和术语,均是法律国际化、趋同化的例证。虽然法律的国际化与趋同化的含义非常接近,大体上是同一个概念,一般情况下也可以通用。但是,仔细推敲,两者仍有一定的区别:一方面,法的国际化侧重于从主权国家的角度揭示国家间法律的发展趋势和规律,更多强调国家的司法主权;法律趋同化侧重于法律规范、行为准则的角度提炼主权国家法律的共性的、一致的因素,易于达成共识的成分。另一方面,法的国际化与法的本土化相矛盾,法的国际化的趋势要求将全世界的法律变成同一种形式、同一种内容、同一种性质和同样的特点,而法的本土化则是希望保留下本国法律的传统和特点,追求法的本国特色。[1] 法律趋同则不排斥法的本土化,两者是同一问题的不同

〔1〕 何勤华:《法的国际化与本土化:以中国近代移植外国法实践为中心的思考》,载《中国法学》2011 年第 4 期。

方面，法律趋同必然要求法的本土化，法的本土化是法的趋同的题中之义，没有法的本土化，法律趋同就难以成立。

笔者认为，法律趋同首先是以各国国内的法律框架和法律制度为前提，显现为不同国家间国内法之间的相互影响和吸收；同时，又以国际社会共同认可的价值取向和定位为基础，在国内法相互移植和借鉴的过程中推进了国际法的形成；在国际法的形成过程中还伴随国际法与国内法的互动。简言之，法律趋同既包含不同国家间国内法之间的趋同，又包含国际法与国内法之间的趋同。本书在此着重论及不同国家间国内法之间的趋同。

（二）法律趋同的成因

法律趋同的原因有很多，应该说是多方面和全方位的。而全面深入地剖析法律趋同的成因有助于深层次剖析法律趋同，有助于理解法律趋同对促进开展刑事诉讼移管的推进作用。以下将对法律趋同的原因做一探讨。

1. 社会、经济、政治方面的因素

法律趋同现象的产生和发展绝非偶然，其背后深藏着国家的社会、经济、政治等方面的因素。就社会因素而言，现当代国家间各种形式、层次的跨国活动大量增加，全人类共同关心且需要国际社会共同努力才能解决的共性问题越来越多，如国际犯罪、跨国犯罪、环境问题、人口问题等，以往仅仅依靠一己之力就能解决的法律问题，因介入了国际因素而更多地具有了全球性，民族性相对更少。就经济因素而言，世界经济一体化的进程突飞猛进，国家间的依赖和联系日趋紧密，任何一国的经济越来越深入地融进了世界经济的大格局，如何拓展与加强国家间在经济领域内的相互合作，如何平衡与协调经济利益上的冲突，保障国际市场经济活动的安全，国际社会必然要加强法律领域内的合作，营造一个适应经济全球化的法律环境。就政治因素而言，目前的世界格局发生了巨大变化，意识形态的分歧走向协调、人类共谋发展的意识不断增强，各国在法律领域达成共识的需求日益强烈，各种国际政治、经济组织把实现相关领域内法律制度的统一当作重要的任务，促进了相关领域法律趋同现象日益明显。

2. 法律自身演变的趋势

世界各国的法律在职能上具有共同性，为国家间法律的趋同化提供了必要的前提。马克思主义认为，阶级职能和社会管理职能是法律的重要职能。在国际社会，阶级本质相同的国家的法律的阶级职能和社会管理职能自然具有一定的相同性或相近性，而阶级本质不同的国家的法律的阶级职能和社会管理职能亦有相近之处。“世界各国在运用法律武器管理社会公共事务和维护社会秩序的过程中会产生一些共同的要求，衍生出国家间法律上的通行做法。”[1]在世界范围内，各国社会关系、经济关系在空间上的扩张已经打破了国界，调整社会关系、经济关系的法律在空间范围上也必然出现跨越国境的现象，这种现象在经济发展水平、经济运行体制相近国家间非常明显，但是在经济发达国家和发展中国家之间，在国际社会意识形态的淡化、法

---

〔1〕 李双元：《市场经济与当代国际私法趋同化问题研究》，武汉大学出版社1994年版，第22页。

律文化的交流和传播、国际组织对国际法律统一的推动下，法律趋同化进程也在日益显现。

3. 人的社会本性的要求

“一切科学对于人性总是或多或少地有些关系，任何学科不论似乎与人性离得多远，它们总是会通过这样或那样的途径回到人性。”〔1〕作为人文社会科学分支的法律科学也概莫能外，因为“与人类其他所有现象一样，法律作为人造的对象表达着人类自身的喜怒哀乐和厌恶偏好”。〔2〕人性是一切人文科学包括法学的理论根基。〔3〕人是一切社会关系的总和，人性在本质上反映社会关系。法律以规范、调整人与人之间的关系为重要使命，法律研究、法律制定、法律修订、法律废除无不涉及人与人之间的社会关系、人性的共同问题，立法者以法律的形式予以确认。如人类一律平等。人性的普遍共性问题构成法律趋同的人文基础，人类的共同需要成为法律趋向统一的图景，形成全人类的共同利益、国际共同利益。正如西塞罗所主张的“反映人性的共同性的法律才是真正的法律”“永恒不变的法律”。可见，“人性的共同性（人的自然本性除外）是法律趋同的根基和逻辑起点”。〔4〕

（三）刑事法律趋同的表现

法律趋同有不同的表现，首先是国家间的趋同、区域的趋

〔1〕［英］休谟：《人性论》，商务印书馆1980年版，第6页。

〔2〕谢晖：《法学范畴的矛盾辩思》，山东人民出版社1999年版，第398页。

〔3〕陈兴良：《刑法的人性基础》，中国方正出版社1999年版，前言。

〔4〕韦书觉：《法律趋同的人性基础分析》，载《河池师专学报（社会科学版）》2001年第1期。

同,然后是全球范围内的法律趋同,后者是最高层次的。无论是区域的还是全球范围内的法律趋同均会存在种种障碍和困难,其中,政治因素有着直接的影响。但随着当下欧盟国家的先行,正在进行的尝试和探索,让全世界看到了区域范围法律趋同的希望。法律趋同还表现为不同法律领域的趋同,如公法领域的宪法、刑法、行政法等领域的趋同,私法领域的民商法律、知识产权等领域的趋同。目前,已经很难找到一个国家的国内法律体系全部包括其制度、规则、概念、法律原则和法律意识,都完全是自己独立创造的,而绝不吸收、借鉴他国法律的相关因素。"在现代世界各国的法律制度中,这种借鉴、吸收或移植不仅发生在同一法系(包括同一法的历史类型和法系)内部,而且在大的法系之间也经常发生。"[1]

1. 刑法的趋同

刑法是规定犯罪与刑罚的法律,在世界各国的法律体系中均系一个基本的法律部门。尽管不同国家的刑法在不同历史时期,由于阶级本质不同,立法环境、立法目的不同而存在差异性或多样性。但同时,不同国家的刑法也受到相同的、相近的指导思想、基本原则的支配,各国刑法都有着相同或相似之处。尤其是近现代以来,世界各国在合作惩处国际犯罪、跨国犯罪的过程中,对刑法的性质、机能、预测功能、批判功能与导引功能等基本问题的理性认知;由政治刑法观向市民刑法观的转变,从刑法万能主义到刑法谦抑主义,从忽视刑法的人权保障机能到人权保障优先、兼顾社会保护,从单纯追求实质合理性到形式合理性优

---

〔1〕 罗豪才:《经济全球化与法制建设》,载《求是》2000年第23期。

先、兼顾实质合理性的认识,[1]在刑事法观念和刑事法价值上主张罪刑法定原则的核心地位,刑法对国际社会正义、公平、自由和秩序的维护;在特定犯罪的定义上如战争犯罪、灭绝人类犯罪、恐怖主义犯罪、毒品犯罪、贩卖人口犯罪、洗钱犯罪、跨国有组织犯罪、腐败犯罪、禁止酷刑等,均出现了趋同的现象。

2. 刑事诉讼法的趋同

一个国家的刑事程序法与该国的基本政治制度、根本大法具有最亲近的渊源关系,表现为一国的刑事司法体制与政治体制具有"近亲性",使刑事程序法对法律趋同的反应略显迟缓。但大陆法系与英美法系国家在刑事诉讼制度设计上通过相互吸收、借鉴、渗透、融合,形成了诸多的趋同:在诉讼构造上,趋向对抗式的诉讼结构,控辩双方的平等性增强;起诉便宜主义和简易程序的适用范围逐渐扩大;审判独立、审判公开成为惯例。"刑事诉讼准则如无罪推定原则、审前羁押准则、刑事辩护准则、反对强迫自证其罪规则、非法证据排除规则、一事不再理原则",[2]证据裁判原则已成为世界各国的共识。

3. 国际惯例经常被国家吸纳为本国法的法源

近期,若干国家与地区的立法变动与刑事诉讼的实践表征了全球化的特点,其修正内容足见国家间刑事程序法的趋同趋势。例如,完善审前程序受到了越来越多的关注,成为世界各国立法的重要内容;对强制措施的司法审查机制在越来越多的国家和地区得到确立;被害人的地位得到提高,其权益保护受到前

---

〔1〕 苏彩霞:《刑法国际化视野下的我国刑法理念更新》,载《中国法学》2005年第2期。

〔2〕 赖声利:《论刑事诉讼趋同化》,载《上饶师范学院学报》2002年第4期。

所未有的重视等。从俄罗斯、法国、意大利、英国、德国的刑事诉讼法的修改可见一斑。[1]

三、全球范围内的国际刑事法治

(一)国际刑事法治的含义

法治(the rule of law)是人类自远古以来一直崇尚的一种社会秩序形态。[2] 法治意味着立法政策、法律由民主程序制定,法律具有绝对的权威,且稳定、连续,能够公正地调整各种利益关系、平等地保护和促进一切正当利益,有效地制约国家权力,社会整体主要由法律来治理。

我国国内学者在使用法治这一用语时,一般是指国内法意义上的法治,换言之,在我国法律体系的框架内探究法治的内

---

〔1〕 陈卫东、程雷:《刑事诉讼的全球化趋势析评》,载《山东公安专科学校学报》2003 年第 3 期。其中,俄罗斯《刑事诉讼法》的变革始于 1993 年俄罗斯联邦宪法的修正,至 2001 年 11 月 12 日通过了新的《俄罗斯联邦刑事诉讼法典》,于 2002 年 7 月 1 日正式生效,其间又于 2002 年 5 月、7 月分别通过了两个法律对新法典进行了部分修正;法国于 2000 年 6 月 15 日通过了第 2000 - 516 号法律,对法国《刑事诉讼法》进行了多达 142 个条文的修改;意大利于 1988 年修改了《刑事诉讼法》,形成了较为典型的混合型诉讼模式;英国通过 1984 年的《警察与刑事证据法》、1985 年的《犯罪起诉法》、1994 年的《刑事审判和公共秩序法》、1996 年的《刑事诉讼和侦查法》,对其刑事程序进行了重大变革;德国分别通过了 1992 年的《抗制违法之烟毒麻醉药品交易及其他组织犯罪法》、1993 年的《减轻司法负担法》、1976 年、1986 年、1987 年的几部刑事诉讼修正法、1986 年的《被害人保护法》等多部法律给刑事诉讼程序带来了重大的更新。以上几个国家近期立法动态与司法实践的发展趋势,在一定程度上能够让我们把握刑事诉讼全球化的进程。

〔2〕 何志鹏:《国际法治:和谐世界的必由之路》,载《清华法学》2009 年第 1 期。

涵、表征和实现途径等问题。但是,国际社会也存在实现法治的条件,因为国际社会是一种国家间体制,“需要以公平的国际法来保障各成员国的利益”。[1]《关于各国依联合国宪章建立友好关系及合作之国际法原则之宣言》《联合国反腐败公约》等国际公约中使用了国家间法治(the rule of law among nations)、法治(the rule of law)、国际法治(the international rule of law)等词。但从《联合国反腐败公约》的宗旨和具体规定来看,“法治”一词不仅仅意指成员国国内法意义上的法治,而且着力倡导在国际社会范围内实现反腐败的国际司法合作,要求依法反腐。国外有些学者使用了全球法治(the global rule of law)的用语。我国学者邵沙平教授提出全球法治包括国际法治和各国法治(笔者认为就是国内法治)的观点,他认为“国际法治是指约束国际法主体的法治,建立在国际法基本原则基础上,是国际法意义上的法治;各国法治(国内法治)是约束各国国内法主体的法治,建立在各国宪法原则基础上,如中国法治是建立在中国宪法基础上,美国法治是建立在美国宪法原则基础上,是国内法意义上的法治”。[2] 车丕照教授提出,“国际法治是指国际社会接受公正的国际法治理的状态,并指出国际法治的内在要求包括以下四个方面:(1)国际社会生活的基本方面接受公正的国际法的治理;(2)国际法高于个别国家的意志;(3)各国在国际法面

---

〔1〕 车丕照:《法律全球化与国际法治》,载高鸿钧主编:《清华法治论衡》第1辑,清华大学出版社2000年版,第139页。

〔2〕 邵沙平:《论国际法治与中国法治的良性互动——从国际刑法变革的角度透视》,载《法学家》2004年第6期。

前一律平等;(4)各国的权利、自由和利益非经法定程序不得剥夺”。[1] 因此,结合以上两位教授的观点,国际刑事法治就是指国际社会接受公正的国际刑法治理的状态。

综上,法治是一种依法办事的状态。法治观念从国内走向国际,成为国内法和国际法共同追求的法律目标。“国际法治的根源和基础是法治,国际法治的核心还是法治。国际法治是法治这一法律目标在国际法上的自然延伸。”[2] 20 世纪联合国建立以后,国际法治即成为国际法追求的目标。《联合国宪章》确立了实现国际法治的原则和措施;1970 年 10 月 24 日联合国大会通过的《关于各国依联合国宪章建立友好关系及合作之国际法原则之宣言》、1999 年 11 月 17 日通过的第 54/28 号决议、2006 年联合国大会 A/RES/61/39 号决议,重申了必须在国内和国际上遵守和实行法治,深信推进国内和国际法治对实现持续经济增长、可持续发展、消除贫困与饥饿以及保护所有人权和基本自由至为重要。在联合国建立国际法治的倡导下,国际刑事法治正在成为国际社会共同追求的有序状态。

国家间刑事诉讼移管是国际刑事司法协助的一种新形式,离不开国际刑事法治的有序状态,在一定意义上讲,国家间刑事诉讼移管的产生和发展是国际刑事法治大趋势的产物,没有国际刑事法治,国家间刑事诉讼移管将成为无本之木。在这种全球范围内接受公正的国际刑事法治的状态下,国家间刑事诉讼移管将会有序、顺利进行,并且能够收到良好的惩处犯罪、保障

---

〔1〕 车丕照:《法律全球化与国际法治》,载高鸿钧主编:《清华法治论衡》第 1 辑,清华大学出版社 2000 年版,第 139 页。

〔2〕 郑永流:《法治四章》,中国政法大学出版社 2002 年版,第 161 ~ 164 页。

人权的成效。换言之,在全球范围内刑事法治的有序状态为国家间进行刑事诉讼移管提供了良好的法治环境。与此同时,国家间刑事诉讼移管的有序运行又会反过来进一步推进国际刑事法治的快速发展。

(二)国际刑事法治的特征

国际刑事法治具有国际法治的一般特征。

第一,国际刑事法治是一种契约型法治。国内法治存在于一国的主权之下,是"有政府的法治"。国际法治的环境是国际社会,"国际刑事法治的参与者,就现阶段的情况而言是多元的,包括国家、国际组织、非政府组织和个人,而且每一主体的地位与权能各不相同"。[1] 是一种"无政府的法治"(笔者认为,国际刑事法院在一定程度上改变了这种状态),只能按照近代西方启蒙思想家的社会契约论建立,由成员国自愿签订契约,这与国内法治有所区分。

第二,国际刑事法治是一种多元分散型法治。国际社会是一种国家间体制,国际政治格局没有中心,分散而立,"各个国家在形式上处于平等的地位,众多国际组织之间也互不隶属"。[2] 这从根本上决定了国际法治分散于国际社会的各个领域。因此,从严格意义上讲,国际社会尚没有真正在全球层次上形成国际法治。但这绝不否定国际法治的价值取向和在处理国际事务中的功效,恰恰相反,在国际社会各种力量的共同推进

---

〔1〕 何志鹏:《国际法治:一个概念的界定》,载《政法论坛》2009 年第 4 期。

〔2〕 [美]华尔兹:《国际政治理论》,胡少华等译,中国人民公安大学出版社 1992 年版,第 104 页。

下，国际社会法治化的程度将会不断提升。

当今国际社会，国际刑事法治不仅是必要的而且是可行的。首先，国际社会已经具备了相当完善的国际刑事法制，表现为各种形式的国际刑法公约、条约、协定等；其次，已经建立或者正在建立各种军事法庭、人权法院、欧盟法院等国际刑事司法机构，特别是国际刑事法院的建立，使国际刑法的直接实施机制取得了突破性进展，国际法治的链条得以有效保证；最后，国际刑法学术界对国际法治的研究更加深入，并提出了诸多公正、高效的监督、救济机制。我们有理由相信，尽管国际刑事法治是一种多元的、分散的契约型法治，在践行的过程中可能会遇到种种障碍，国际刑事法治必然会在国际刑事事务的处理过程中为实现和谐世界"铺就一条通路"。

（三）国际法治的分类

国际法治包括两种情况：一是在国际社会层面践行法治，实行国际事务的法治化；二是国际事务在跨越国界的地域范围上由法律的途径解决。为更加清晰、明确地剖析国际法治在治理全球问题模式上的意义，有必要对国际法治中依据不同的标准做一简要的分析。

第一，以全球治理的事项范围为标准，可以分为政治问题、法律问题等单个领域的法治和综合领域的法治。国际刑事法治属于单个刑事法律领域的法治范畴。

第二，以全球治理的地域范围为标准，可以分为地理位置较近或者具有特殊渊源的特定国家之间形成的区域法治和全球法治。

第三,以全球治理的运作主体为标准,国际法治可以分为超国家之治(supernational governance)、国家间之治(international governance)、次国家之治(sub – national governance)三类。在前两类可称为国家参与型国际法治(rule of law among nations),第三类可称为民众参与型国际法治,国家间刑事诉讼移管属于国家间之治的范畴。

综上,国际法治是国际社会共同追求的理想化的规范状态,在治理全球问题的模式中占据极其重要的地位。国际刑事法治作为国际法治的子范畴,在预防和惩处跨国有组织犯罪、腐败犯罪、恐怖犯罪、洗钱犯罪等国际犯罪、跨国犯罪的国际刑事司法合作过程中,它既是国际社会追求的一种秩序状态,即国际刑事事务的法治化;又是一种解决国际刑事事务的方略,即主权国家的国内刑事事务跨越国境时,在跨越国界的地域范围上由国际刑事法律的途径解决。基于国际刑事法治在国际法治、治理全球问题模式中的地位,其时刻影响着包括国家间刑事诉讼移管在内的各种司法合作形式的生存和发展,换言之,在全球范围内刑事法治的有序状态必然为包括国家间刑事诉讼移管在内的各种司法合作的运行提供良好的法治环境。在此意义上讲,国际刑事法治是国家间刑事诉讼移管的国际法背景基础。

CHAPTER 03 >>

第三章

刑事诉讼移管的基本原则

刑事诉讼移管的基本原则是指已经为国际社会所公认,能够普遍适用于刑事诉讼移管实践,指导刑事诉讼移管的基本原理和准则。研究刑事诉讼移管必然要先厘清刑事诉讼移管涵盖哪些具体的基本原则。综观我国国际刑法学界对刑事诉讼移管基本原则的研究状况,大概可以分为两种情形:一是明确以刑事诉讼移管的基本原则为题,列举出若干原则并进行较为详细的阐述,如赵永琛教授的《国际刑法与司法协助》,甘雨沛、高格教授的《国际刑法学新体系》,贾宇教授的《国际刑法学》等。二是既未提出刑事诉讼移管基本原则的命题,又未列举出刑事诉讼移管的若干基本原则,但在诉讼移管的适用条件中,特别是拒绝诉讼移管的条件中论及相关的内容。换言之,论者没有对刑事诉讼移管的基本原则和适用条件做出严格的区分,如王铮的《国际警务合作中的刑事诉讼移转管辖》(上),成良文的《刑事司法协助》等。

关于国家间刑事诉讼移管具体包含哪些基本原则可谓仁者见仁,智者见智,观点和看法不尽一致。如赵永琛教授认为应包括尊重国家主权原则、尊重当事国管辖原则、不干涉内政三项原则;[1]贾宇教授认为应包括尊重当事国管辖权原则、有利于适当的司法处置原则、一事不再理三项原则;[2]甘雨沛、高格教授认为应包括双重犯罪原则、有利于适当司法处置原则、一事不再理原则、政治、军事或财税犯罪不追诉四项原则;[3]中国人民公安大学已故学者王铮在《国际警务合作中的刑事诉讼移转管辖》(上)一文中,在"拒绝诉讼移管的理由"目下,涉猎了尊重国家主权和不干涉内政、双重犯罪、一罪不二罚等相关内容;[4]成良文在《刑事司法协助》一书中将双重犯罪、一罪不二罚列为刑事诉讼移管的法定条件。[5]

总体上,上述学者列举的基本原则比较客观、深入,对推动进一步研究刑事诉讼移管、规范刑事诉讼移管的适用具有一定的指导价值,而且已经在指导具体的诉讼移管司法实践。笔者认为,刑事诉讼移管属于最广义的刑事司法协助范畴,国际刑法学界已经认可的能够指导、规范刑事司法协助的基本原则当然

---

〔1〕 赵永琛:《国际刑法与司法协助》,法律出版社1994年版,第284~286页。

〔2〕 贾宇:《国际刑法学》,中国政法大学出版社2004年版,第462~463页。

〔3〕 甘雨沛、高格:《国际刑法学新体系》,北京大学出版社2000年版,第393~394页。

〔4〕 王铮:《国际警务合作中的刑事诉讼移转管辖》(上),载《中国人民公安大学学报》1997年第4期。

〔5〕 成良文:《刑事司法协助》,法律出版社2003年版,第122~123页。

可以适用于刑事诉讼移管,这在学理上应当是成立的,不存在理论上的障碍。这部分原则笔者拟称为刑事司法协助共有的基本原则,如尊重国家主权原则、不干涉内政原则等;但是,刑事诉讼移管又有区别于其他司法协助形式的特质,应当具备在该领域特有的能够比较鲜明反映管辖权制度属性的原则,如能够突出刑事诉讼移管管辖制度属性的尊重当事国管辖原则。倘若以笔者提出的国际刑事司法协助共有的、刑事诉讼移管特有的原则为标准来衡量,赵永琛教授、中国人民公安大学已故学者王铮提出的尊重国家主权原则、不干涉内政的原则,贾宇教授、甘雨沛、高格教授提出的有利于适当司法处置原则、一事不再理原则;甘雨沛、高格教授提出的政治、军事或财税犯罪不追诉原则;王铮、成良文提出的双重犯罪原则,在有关刑事司法协助的论著中均有所论及,对从事国际刑法学研究、国际刑事司法协助研究的学界以及国家司法实务者而言,甚或对国际法、国际刑法有所涉猎的人来说,几乎是耳熟能详,如数家珍。笔者认为,为完成国际刑法的控制和惩处国际犯罪、保障人权的基本任务,促进世界和平和发展,对刑事司法协助的共有原则有必要进行深入的研究,多角度的研究。但是,我们的研究要突出重点,包括刑事诉讼移管特有的原则,同时兼顾刑事诉讼移管国际公约法定的基本原则。因此,笔者根据刑事诉讼移管公约的相关规定和笔者对刑事诉讼移管的如上理解,提出刑事诉讼移管包含如下六项基本原则,即尊重当事国管辖原则、有利于司法处置原则、一事不二审原则、双重犯罪原则、移管不加刑原则、死刑不移管原则。其中,尊重当事国管辖原则、移管不加刑原则、死刑不移管原则是能够反映诉讼移管特质的基本原则,有利于司法处置原则、一事不二审原则、双重犯罪原则是刑事诉讼移管公约法定的基本原则。下文重点探讨尊重当事国刑事管辖、移管不加刑、死刑不移管三大基本原则。

第一节　尊重当事国刑事管辖原则

一、尊重当事国刑事管辖的含义

一国的刑事管辖权理应得到他国的尊重是尊重当事国刑事管辖的基本含义,也是国家刑事管辖权的应有之义。刑事管辖权是一国司法主权的组成部分,在国际交往中相互尊重对方的管辖权是进行真诚合作的必要前提,互相尊重主权是国际法的一项基本原则。在相互尊重主权的基础上才能顺利进行司法协助,处理好各种各样的权利义务关系,换言之,国际刑事司法协助的进行、权利义务的设置和履行须建立在相互尊重的基础之上。

刑事管辖权首先是从国际社会产生的一个概念,或者说首先是国际法中的一个基本概念,它主要用于解决刑事管辖权的国际冲突问题,初衷在于明确具体的主权国家对刑事案件行使侦查、起诉、审判和惩治的权力,因此,从主权国家行使国家司法主权的层面来探究刑事管辖权的内涵比较符合管辖权原本的意义,因为在主权绝对的年代,一国之内的权力不容他国染指,更何从谈起作为国家主权重要部分的管辖权的问题。“国家的管辖是国家对其领土及其国民行使主权的具体体现……在国内法，国家的管辖权可分为立法、司法和行政管辖。其中司法管辖又分为民事、刑事和行政管辖。”[1]国家的管辖权作为国家所固有的国家权力，在任何国际刑事立法之前已经存在，是抽象的、一般的原则，既是国内刑事立法的主权根据，也是国内刑事司法的主权依据，不受制于任何外力或法律的规定。我们通常所说的或者国际法论著中使用的刑事管辖权概念，一般就是指国家刑事管辖权，国家刑事管辖权是刑事管辖权的一般表述，作为国家司法主权的组成部分来使用。与之相对应的国际刑事管辖权，也称为“国际刑法中的刑事管辖”，[2]是指国际公约规定的国家及国际司法机构对国际犯罪行使的管辖权力。除非特别强调，刑事管辖权一般是指国家刑事管辖权。对此，有学者指出：国家管辖权是国家对其领土及其国民行使主权的具体体现。它是指国家对自己领域内的一切人、物、事件，以及对在领域外的本国人进行管辖的权利。[3] 针对国际犯罪，国家管辖权表现为通过国内司法系统实施国际刑法规范，并对国际犯罪行为实施制裁。对国际犯罪的这种管辖权模式有赖于各个国家承担的惩处国际犯罪的义务，依赖国内的司法系统对国际犯罪进行审判和处罚，因而它是一种国际犯罪的间接管辖权模式。正如赵永琛教授所言，国家与国家之间对具体刑事案件的管辖权的归属是国家主权的体现，是国家拥有对涉外因素的刑事案件诉诸法律程序而确立的司法权能，是对涉外刑事案件管辖权。

---

〔1〕 王铁涯：《国际法》，法律出版社 1995 年版，第 9 页。

〔2〕 张景：《国际刑法综述》，人民法院出版社 2004 年版，第 214 页。

〔3〕 张旭：《国际犯罪刑事责任再探》，载《吉林大学社会科学学报》2001 年第 2 期。

在对国际犯罪、跨国犯罪等涉外刑事案件发生管辖权冲突的情况下，国家间刑事诉讼移管的功效在于确定刑事管辖权的归属问题，换言之，即明确行使侦查、起诉、审判和执行等司法主权的国家。从主权国家行使国家司法主权的层面看，国家间对特定涉外刑事案件移转管辖权，实质是行使国家刑事管辖权的一种方式，即便是移管输出国，其让渡了对特定刑事案件的管辖权，但让渡本身意味着已经行使了本国的刑事管辖权，其国家刑事管辖权既得到了充分行使，又没有受到外国任何非法的侵害。因此，当事国相互尊重刑事管辖既是维护国家主权，捍卫本国尊严的必然要求，又是保证实现本国刑事管辖权以及保证刑事诉讼移管顺利进行的必要条件。

刑事管辖权包括刑事立法管辖权和刑事司法管辖权两部分内容。[1] 刑事立法管辖权解决国家刑事管辖权发生法律效力的空间、人和事，即解决国家刑事管辖权的空间效力。国家依据对刑事案件所进行管辖的这种权力，首先确定管辖权的空间范围和对象范围。需要国家通过刑事立法来确立和界定对刑事犯罪实施管辖的范围，赋予国家刑事管辖的合法性和有效性，以此获得国际社会的认可。反之，如果国家拒不通过刑事立法来确立和界定其刑事管辖权的范围，则意味着其实施的任何刑事追诉活动均是非法的。因此，世界各国均首选采用成文法的形式来确立施行刑事管辖的空间范围、对象范围。同时要求国家行使刑事管辖权的司法权能和行使方式要具体化，即司法机关对

〔1〕 邵维国：《刑事管辖权含义辨析》，载《广州大学学报（社会科学版）》2007年第5期。

犯罪行为的起诉、审判、处罚等诉讼活动须具有可操作性。这又是刑事司法管辖所要解决的问题。一般而言,刑事司法管辖权的权能包括对犯罪行为的起诉、审判和执行。[1] 刑事司法管辖权的行使方式包括明确对具体刑事案件由哪一级、哪一个司法机关来行使刑事管辖权问题;确定对具体刑事案件,国内司法机关之间、国内司法机关与国外司法机关之间如何配合与协作问题;在特定情形下,刑事司法管辖权的行使方式还表现为国家在享有刑事立法管辖权的前提下,放弃对特定刑事案件的司法管辖权,将特定刑事案件的司法管辖权转移给某外国来行使。这属于司法管辖权的放弃或转移问题。可见,尊重当事国刑事管辖一是指尊重对方的刑事立法管辖权,二是指尊重刑事司法管辖权。两者不可缺少,不可偏废。

二、尊重当事国刑事管辖的体现

通常而言,主权国家的司法机关对国际犯罪案件、跨国犯罪案件施行管辖完全是一国司法主权内部的事情,如同一国的立法权、行政权一样具有专属性的特点,其他任何国家、国际组织不得干涉。同理,一国的司法机关对特定刑事案件行使侦查、起

---

〔1〕 国外有学者认为不包括侦查、拘捕及执行权能。因为后者可以请求或委托有关外国进行,称为"执行管辖权"。该学者认为,任何一个刑事案件的执行管辖权与刑事司法管辖权既可能由一个国家的司法机关来行使,也可以由不同国家的司法机关来行使。但是,国家是否实际行使了刑事司法管辖权,其标志是该国是否对刑事犯罪进行了起诉、审判和处罚,而不在于该国是否实际执行了侦查、拘捕及刑罚的执行权能。接受委托的国家也可以执行侦查、拘捕及刑罚的执行权能,但并不一定要求其具有刑事司法管辖权。

诉、审判和执行权能原则上也只能在一国的领域内进行，因为一国的司法主权不能及于其他主权国家。但这也正是一国司法机关的局限性所在。在当今国际犯罪、跨国犯罪异常猖獗的情势下，一国的司法机关须取得其他主权国家司法机关的支持、协助和配合，才能使针对国际犯罪、跨国犯罪以及其他包含涉外因素的犯罪提出的刑事诉讼得以顺利进行，换言之，需要将一国的司法权引申向该国的领域之外，通过他国的司法机关完成具体的刑事司法权能，这在理论上称为司法权的域外延伸。在特定的情势下，一国的司法权还须合法地转移到另一个国家，包括刑事诉讼移管、外国刑事判决的承认和执行、被判刑人移管等。这在理论上称为司法权的有条件转让。无论是司法权的域外延伸，还是司法权的有条件转让，均不得侵犯一国的主权和尊严，要求一国在尊重他国主权、尊严的前提下进行国家间刑事司法协助。

国家间进行刑事诉讼移管的出发点在于避免国家间刑事管辖权的冲突，在于实现有效地预防和惩处国际犯罪，因此，当事国在司法实践中须相互尊重对方的管辖权。对请求国来讲，请求国在提出移管请求之前应确定本国是否该对特定刑事案件拥有管辖权，其拥有刑事管辖权的根据是否确定，确保提出的刑事诉讼移转管辖请求建立在本国依法拥有管辖权的基础之上。由拥有管辖权的司法当局按照法定程序、途径提出。请求国在提出刑事诉讼移管及被请求国作出受理决定之后，请求国应该尊重被请求国针对特定案件所采取的司法行动。对于被请求国依照本国刑法和刑事诉讼所作出的有效裁定和判决，请求国应予承认。对被请求国基于某种特殊理由而拒绝请求国的请求，请求国应该接受,不得强制被请求国接受请求。对于被请求国来讲,在接到一国提出的刑事诉讼移转管辖请求之后,应该从形式上进行审查,确定本国司法当局是否有权管辖,是否能够接受其委托。如果被请求国的法律禁止其司法当局对拟请办理的事项进行刑事管辖,被请求国就应拒绝接受此种请求。在决定接受他国的请求后,被请求国应按照本国法律规定的警察或司法当局的管辖权限进行分工,逐项办理。与请求事项有关的任何司法行动都应由有特定管辖权的司法当局或警察当局来完成。被请求国不能假定请求国无限制地授权本国办理涉及请求国的刑事事务,只能专案专办。[1]

尊重当事国刑事管辖还体现在当事国间不应以刑事诉讼移管为由相互刺探对方的政治、经济、军事和外交情报。被请求国收集的情报和证据只限于其受理的刑事诉讼事务,且应通过合法的正当的途径获取,不能超越界限。任何非法窃取他国情报的行为都是对该国内政的侵犯。[2] 一国不能随意插手他国的内部事务,不能随意指派侦查人员到被请求国调查取证,不能派员到请求国拘留逮捕逃犯,不能派遣检察官出席被请求国法庭提起公诉,不能委派法官到被请求国主持庭审,除非得到被请求国的特别许可之外。一国不能强迫他国按照本国的意愿办理刑事案件。请求国不得干涉被请求国审查其诉讼移管请求的进程。在被请求国办理事实事务的过程中,请求国不应对被请求国进行干扰、阻挠或破坏,不得故意施加某种政治、军事或经济

---

〔1〕 赵永琛:《国际刑法与司法协助》,法律出版社 1994 年版,第 285 页。

〔2〕 赵永琛:《国际刑法与司法协助》,法律出版社 1994 年版,第 285 ~ 286 页。

压力,影响被请求国公正司法;请求国不能授意或强迫被请求国按照本国意愿定罪量刑,更不能故意制造某种混乱,加剧另一国内部的矛盾,不能利用办理刑事事务之机,搅乱另一国的司法秩序。

尊重当事国刑事管辖还表现为禁止“乘机行为”,详言之,包括两种情形:一是禁止将通过刑事诉讼移管获得的任何证据用于非移管案件的特定诉讼程序和所限的诉讼目的;二是禁止因移交案件而被请求方请求到境内执行请求事项的人(包括证人、被害人、鉴定人)追究其先前在该方境内实施的刑事犯罪。禁止“乘机行为”的目的实质在于保证刑事诉讼移管内容和目的的特定性和唯一性,防止当事国透过欺诈手段滥用刑事诉讼移管,进而作出被请求方的法律所禁止之行为。[1]

三、刑事管辖纠纷的解决

综观世界各国关于刑事管辖原则的立法,可以说属地原则、属人原则、保护原则以及普遍原则均被用作对国际犯罪、跨国犯罪案件确定、行使管辖权的法律依据。加之国际犯罪、跨国犯罪自身的涉外因素非常复杂,如犯罪主体、犯罪行为地、犯罪结果发生地、被害人等往往涉及若干个国家,导致若干国家均对同一犯罪拥有刑事管辖权。这种刑事管辖权竞合(concurrence of criminal jurisdictions)、刑事管辖权国际冲突(conflict criminal

---

〔1〕 赵秉志、何超明:《中国区际刑事司法协助探索》,中国人民公安大学出版社2003年版,第26~27页。

jurisdictions)的现象已经成为当今国际社会的一大特点。究其原因,还是在于国家主权的至上性。16 世纪法国哲学家博丹指出,国家主权是至高无上的绝对的权力,没有一国自愿的同意,任何他国或者其他国际力量不得对国家进行强迫,任何国家都可以根据自己的意志在国内刑法中选择刑事管辖原则。迄今为止,“没有任何一个国家的刑事司法系统可以超越国家主权的管辖范围,在他国领土上自由地进行追诉犯罪的活动”。[1] 为加强国家间的刑事司法合作,有效惩处国际犯罪、跨国犯罪,笔者认为国家间在进行刑事诉讼移管的合作过程中,应当强调相互尊重对方的刑事管辖权,协商解决刑事管辖权的冲突问题。同时,确立一些能够为双方、多方认可的规则。

第一,要正确处理属地管辖权、属人管辖权、保护管辖权和普遍管辖权的关系,确立属地管辖权、属人管辖权和保护管辖权优于普遍管辖权的行使顺序,即建立“优先管辖原则”。[2] 当冲突发生时,只有在属地管辖权、属人管辖权和保护管辖权无法适用时,才适用普遍管辖权。因为“对普遍管辖权的行使只有在尽可能地避免与领土、国籍、和保护管辖权的冲突的情况下,才是符合国际社会设立普遍管辖这样一种各国通力合作,各自履行其应尽的国际义务,与犯罪国际化现象作斗争的原则的原义的”。[3]

---

〔1〕 张智辉:《国际刑法通论》,中国政法大学出版社 1999 年版,第 281 页。

〔2〕 冯军、蒋登巍:《浅析普遍管辖原则的适用限制》,载《法学评论》1997 年第 5 期。

〔3〕 高铭暄:《刑法学原理》(第 1 卷),中国人民大学出版社 1993 年版,第 311 页。

第二，倡导管辖权冲突当事国积极探索通过刑事诉讼移管的方式妥善解决管辖权的归属问题。客观而言，目前，国际社会尚未提出非常有效地能够为主权国家乐于接受的解决方案，尽管学术界提出了确定拥有管辖权国家的先后顺序，如犯罪地国、受害国、国籍国、所在国等，但是，仍然很难在司法实践中能够顺利解决管辖权冲突的问题。而刑事诉讼移管要求当事国经过协商，自愿让渡或接受他国对特定案件的管辖权，并进行密切的司法协助，共同完成了惩处犯罪的任务，对所有当事国而言均实现了国家刑事管辖权，因此，刑事诉讼移管是解决管辖权冲突的良好方式，应当引起国际社会的重视。

第三，第三国模式。当事国在对特定刑事案件发生刑事管辖权冲突时，在难以达成共识时，可以考虑将刑事案件移交双方均很信任的第三国进行管辖，由愿意接受的第三国对特定的国际犯罪、跨国犯罪案件行使管辖权，实现有效预防和惩处犯罪的目的。理由是：其一，有利于顺利解决国家间刑事管辖权的冲突，有利于惩处国际犯罪，维护国际社会的秩序和共同利益，实现国际刑事司法法治，消除犯罪分子逍遥法外的现象，严密国际刑事法网。其二，符合国际社会处理国际争端的惯例。在国际社会处理各种争端的过程中，由第三国解决问题已为当事国所接受，并取得了很好的国际效果。其三，第三国行使管辖权符合委托、授权行使管辖权的原则，不违背国际法的基本原则。

第二节　移管不加刑原则

一、移管不加刑的含义

移管不加刑是指移管接受国在适用本国法对被追诉人进行刑事处罚时,不得作出重于该危害行为在移管输出国依据最相近似的刑事法律可能作出的刑罚强度和量度,简言之,移管接受国不得加重对被追诉人的处罚。具体包括以下两种情形:

第一,移管输出国和接受国的法律对被追诉人实施的犯罪行为规定了不同刑种时,对被追诉人适用的刑种不得重于移管输出国的法律对该犯罪行为设定的刑种。如移管输出国法律对被追诉人实施的犯罪行为规定的最高刑种为终身监禁,请求国对被追诉人则不能宣告重于终身监禁的刑罚,如死刑。

第二,移管当事国的法律对被追诉人实施的犯罪行为规定了不同最高刑时,对被判刑人宣告的刑罚不得突破输出国为同一种罪行规定的最高刑,当被判刑人所犯的罪行依据接受国法律的刑期高于输出国法律对这种犯罪规定的最高刑时,只能按输出国法律规定的最高刑宣判。例如,被判刑人在输出国应被判 30 年自由刑,而接受国法律规定对这种犯罪最高只能判 15 自由刑,则被判刑人最高只能宣判 15 年自由刑。总之,移管接受国对被追诉人宣告的刑期不得高于移管输出国依据其法律对该种犯罪所规定的最高刑,不得提高被追诉人的刑期。这是依据当事国刑事法的法定刑作出的一般考量,但最终体现在被判刑人的宣告刑上。

同理,如果移管输出国废除了死刑或禁用死刑,则接受国不得对被追诉人判处死刑。这是移管不加刑的应有之义。但这又是本文下一节欲详细阐明的观点。笔者将在本文中专门论述死刑不移管原则,在此不再赘述。但是需要说明的是,移管不加刑与死刑不移管原则在概念的外延上存在种属关系,死刑不移管原则可以为移管不加刑原则所涵盖,但笔者在本文中为了突出死刑不移管的刚性要求,将其单独列为一个原则进行论述,敬请各位学者同人批评指正。

从字面上看,笔者认为,移管不加刑具有对被追诉人"禁止加重刑罚"的要旨,外延无疑要小于国际刑法中的"禁止不利变更"。国外学者在论及禁止不利变更原则时将"利益"与"不利益"相对,"不利益"成为禁止不利变更的关键(禁止不利变更适用的情形与移管不加刑是不同的)。但是,利益的内涵深邃和外延广泛,含义模糊,语义不清,不适宜用于具体的法律术语,因此笔者主张从"刑罚量"入手,明确"不加刑"即"不得加重被追诉人刑罚"的含义,可以客观、具体地诠释该原则的具体含义,也可以从保障被追诉人的人权理念中找到洞悉该原则的法理依据,换言之,移管不加刑原则的宗旨在于保障被追诉人不得因诉讼移管而报致过重的刑罚,这是被追诉人人权的应有之义。

二、移管不加刑与同罪不同刑

在具体的刑事诉讼移管实践中,移管接受国对他国移交的刑事案件经过本国的侦查、起诉、审判程序,会对被追诉人作出有罪、无罪的判决，在认定被追诉人有罪的情形下，对被追诉人作出具体的刑罚裁量。如前所述，依据移管不加刑原则，移管接受国在进行刑罚裁量时需要考量移管输出国的法律所规定的刑罚量，依据本国最相近似的法律规定作出刑事判决，附加量刑承诺条件的，要恪守诺言。因此，必然会出现这样一种现象：对他国移交的刑事案件的被告人所宣告的刑罚与接受国国内最相近似的案件被告人的刑罚会迥然不同，轻重差别很大，有的甚至严重违背罪刑相适应原则。换言之，相对国内相同或近似案件而言，同罪而不同刑。

在法治社会，法律至上。在法律帝国，每个人都是法律平等的子民。没有人可以因民族、种族、国籍、身份、宗教信仰等得到特殊的优待，或者不利的处遇。法律没有特殊的利益，法律不能因为不同的利益而在同等情形下做出不同的结论。在国际法治社会也是如此，在国际法律面前人人平等、罪刑相适应原则仍然具有法律最高的蕴义。但是，在国家间刑事诉讼移管的实践中，对同一罪行或者说同一行为由不同的国家行使刑事管辖权可能得出刑罚轻重不同的甚至刑种不同的判决，似乎与贝卡里亚指出的“犯罪对社会的危害，是衡量犯罪的真正标尺”[1]、孟德斯鸠指出的“惩罚应有程度之分，按罪大小，定刑罚的轻重”严重相悖。对此，笔者认为，在刑事诉讼移管过程中，践行移管不加刑原则可能带来的同罪不同刑现象是对刑事诉讼移管接受国的司法主权、刑罚裁量基本准则的挑战，在一定意义上是移管输出

〔1〕［意］贝卡里亚：《论犯罪与刑罚》，中国大百科全书出版社 1993 年版，第 67 页。

国对他国的刑罚裁量的干涉，但是，依据笔者前文的论述，刑事诉讼移管是当事国在互信、自愿移管的基础上，适当让渡司法主权，为实现国家利益最大化而灵活行使国家刑事司法管辖权的一种方式。同罪不同刑现象可以视为一国为了推进刑事司法协助而付出的必要的代价，对个案而言，可能有损司法公正，但仍然在一国法律的容忍限度之内，对整体而言，一国则实现了管辖权和惩罚犯罪的任务。因此，同罪不同刑与罪刑法定不存在根本对立的矛盾。从国家的政治、外交等方面看，有利于维护国际共同利益、国家利益。

同罪不同刑现象的发生、存在也符合司法人员裁量刑罚的基本原理。在法律传统、法律体系、司法制度、法律价值观和犯罪形势差异大的国度，司法人员在对被追诉人裁量刑罚时，对犯罪行为的危害后果、被告人的主观恶性、人身危险性等的判断可能迥然不同，对同样的犯罪行为得出不同的，甚至是完全不同的刑罚裁量也属意料之中。比如，世界大多数国家均实行严惩政策的毒品犯罪，在东南亚金三角地区则属于合法的生产经营项目；在某一国属于重罪的犯罪行为，在他国可能属于轻罪，有的甚至恰恰相反。因此，我们需要客观地从维护国际共同利益、国家利益的角度对待因刑事诉讼移管可能带来的同罪不同刑现象。

三、移管不加刑与惩处犯罪

依据移管不加刑原则，诉讼移管接受国可能会对他国移交的刑事案件被告人作出较轻甚至畸轻的刑事判决，从表面上看，有包庇犯罪、放纵犯罪之嫌。实则不然。

由于刑事诉讼移管当事国实行不同的刑事政策和法律制度，从个案上看，被追诉人在移管接受国可能被判处与同等罪行比较而言较轻甚至畸轻的刑罚，似乎包庇、放纵了犯罪分子，在移管输出国和移管接受国均有可能与本国的刑法原则如罪刑相适应原则相悖，冲击着本国的刑事司法体制、刑罚裁量的基本准则。然而，从维护国际社会共同利益的角度以及移管输出国行使国家管辖权的手段上看，在目前的国际法治情势下，这又是一种客观存在。

一般而言，惩处犯罪是指一国的司法机关通过刑事诉讼活动，准确、及时地查明案件事实真相，对犯罪分子正确适用刑法，实现国家的刑罚权。惩罚犯罪一则强调案件实体真相的发现；二则强调对犯罪分子的公正司法，包括实体上的公正和程序法上的公正。如前所述，当国家间发生刑事管辖权冲突时，当事国通过刑事诉讼移管的方式解决管辖权的归属问题，确定由移管接受国对特定刑事案件行使管辖权，通过移管输出国和接受国的密切合作，通过联合侦查、远程视频取证等司法协助形式，发现、证实案件的事实真相，有利于实现惩处犯罪、维护国际共同利益的任务。可见，刑事诉讼移管活动本身即具有刑事司法活动的性质，以惩处犯罪为己任，至于对被追诉人宣告刑的轻重不影响其惩处犯罪的司法活动的性质。

第三节　死刑不移管原则

刑事诉讼移管的内涵不仅包括刑事案件的移交，而且包括案件当事人、相关证据的移交等。对案件当事人来说,关系其切身的利害关系,如犯罪性质的认定、量刑情节的认定和最终宣告刑的确定等。对移管当事国来说,又关系到国家主权特别是司法主权的实现问题。在全球范围内强调人权保护、人权理念的今天,死刑问题必然成为诉讼移管中不容回避的重要问题。而在保留死刑的国家与废除死刑的国家之间,即使在保留死刑国家之间,在死刑适用的罪名、处罚、执行等方面均存在不相容之处,死刑问题成为国际刑事司法协助过程中的一大障碍。我国是当今国际社会保留死刑制度的国家之一,我国在与西方国家进行国际刑事司法协助条约的过程中,死刑问题一直是制约司法协助进程的一个因素。对此,笔者主张,我国应当旗帜鲜明地表明我国在死刑问题上的立场,提出死刑不移管原则,当被请求国有理由相信移管案件的当事人在案件移交后有可能会被判处或执行死刑,被请求国可以拒绝移交案件。除非对方当事国明确承诺不会判处死刑,或即使判处死刑,也不会予以执行。这不是权宜之计,而是有着深厚的理论基础和实践价值。

一、死刑不移管与限制、废除死刑

笔者认为,死刑不移管原则与国际社会盛行的废除和限制死刑运动有着非常密切的联系。早在200多年前,意大利刑法学家贝卡里亚倡导废除死刑后,国际社会对死刑的存废进行了长盛不衰的争论;19世纪末20世纪初,出现了第一次世界性的废除死刑运动高潮,死刑的适用不断减少,特别是第二次世界大战以后,越来越多国家的刑罚趋于轻缓,许多保留死刑的国家则加大了死刑适用的限制,一些国家废除了死刑制度。根据维基百科2009年6月的统计,在全球197个国家中,139个国家废除了死刑,占全球国家总数的70%。其中,94个国家完全废除死刑,10个国家只有特定条件下对军事犯罪或战时犯罪才执行死刑,5个国家保留死刑,但在最近10年里没有执行过死刑,因此保留的国家和地区只剩下58个,主要集中在中东、北非和亚洲地区。在保留死刑的国家,情况也不尽相同。越来越多的国家倾向于采取限制死刑的政策,不仅在立法上大幅度减少适用死刑的条款,将死刑适用于性质极其严重的犯罪上,而且在司法上对死刑进行严格的控制。近年来,"限制和废除死刑已成为国际社会刑法制度改革的趋势"。[1] 国际上废除死刑的运动在经历了反复曲折的发展历程之后,如今已成为世界上一项十分令人关注的国际政治和法律问题。

我国政府在与世界上诸多国家进行国际刑事司法协助的过程中,逐步地顺应了国际上废除死刑、限制死刑的潮流,表现在国内立法和司法过程中,在最大限度地限制、控制、减少死刑。尽管面对当下的国情仍然需要保留死刑,但与国际上废除死刑的国家、免除死刑的国家也签订了包含死刑不引渡条款的双边条约,例如,我国与西班牙、法国、澳大利亚等国签订的引渡条约,均无一例外地包含死刑不引渡的规定。在一定意义上讲,这为死刑不移管原则在我国、国际社会的确立和发展树立了一面保护人权的旗帜,为死刑不移管原则的确立奠定了条约法基础。

---

〔1〕 刘健:《限制和废除死刑的国际趋势与中国的对策》,载刑事法律科学研究院网2001年9月18日,http://www.criminallawbnu.cn/criminal/。

二、死刑不移管与人权保护

国外一些学者从人权的概念出发，提出人权保护原则是死刑问题的法理基础。国际人权理论的发展和世界人权保护运动的兴起，特别是两次世界大战使得人们对人权的保护、对生命权及其相关权利前所未有的重视，首先表现在国内法中的人权规范上，英国确立了以法律保障个人自由权利的制度，美国以政治纲领的形式确立了“天赋人权”原则，法国第一次以根本大法的形式肯定了人权保护原则。第二次世界大战后，人权的国际保护已成为国际社会面临的重要任务，人权问题、死刑问题开始进入国际刑法领域，成为现代国际关系中的一个重要问题。

综观现行可查的关于人权、死刑的国际公约，可见国际社会对死刑问题的限制、消除之目的，死刑在国际社会的存在状况跃然纸上。如《世界人权宣言》《欧洲人权公约》《公民权利和政治权利国际公约》《美洲人权公约》《关于保护死刑犯权利的保障措施》《联合国儿童权利公约》《旨在废除死刑的〈公民权利和政治权利国际公约〉第二任择议定书》等。

我国不但属于保留死刑的国家，而且，“无论是刑法上所规定的死刑罪名还是实际适用死刑的数量，都居于保留死刑的国家之首”。[1] 人权保护、尤其是死刑问题更是国家间进行刑事诉讼移管无法回避的，刑事诉讼移管的提出、审查、批准和执行各个环节无不存在涉案当事人的人权保护事宜。特别是被追诉

〔1〕 邱兴隆：《国际人权与死刑》，载《现代法学》2001 年第 4 期。

人的人权保障、是否会被适用死刑的问题更是刑事诉讼移管适用中最引人瞩目的,从国家主权原则的产生到主权原则的不断发展和完善,主权国家均被赋予了保护人权的使命。刑事诉讼移管的直接后果往往是使被追诉人遭受刑事处罚,刑事诉讼移管与刑罚的这种内在联系要求现代刑事司法协助必须遵循现代刑事法律的基本原则,必须对被追诉人提供最基本的人权保障,涉案当事国在司法协助过程中应在彼此尊重司法主权的基础上,充分保障被追诉人的人权。死刑不移管原则正是在这样的国际司法协助环境中产生、发展,也是其生命力之所在。

三、死刑不移管与控制犯罪

死刑不移管客观上有助于实现人权保护的目的,但是同时又具有不利于控制、惩处犯罪的一面。就世界各国进行国际刑事司法合作的理论和实践而言,对于死刑不引渡、人权保护问题,世界各国都有自己的立场。这势必会给国家间进行刑事司法协助带来重重障碍,使得刑事司法协助在实践中难以展开。因此,我们只有正确对待死刑不移管原则的利弊得失,正确处理死刑不移管与控制犯罪的关系,才能坚持实现保障人权和惩处犯罪的双重诉讼目的。保障人权是国际刑事司法协助需要实现的诉讼目的,但是,不能允许人权保护成为国际暴力犯罪的“保护伞”。在国际刑事司法协助磋商和实行过程中不可以一味强调保护人权的重要性,却忽视控制和惩处犯罪的现实需要,漠视国际社会共同利益的维护,片面地以死刑问题、人权保护为由无理拒绝他国的司法协助请求,这显然不利于促进国际司法合作,有悖国际社会共同控制和惩处国际犯罪的宗旨。如果允许一味以人权保护为借口而置他国的司法协助请求于不顾,必然使得诸如刑事诉讼移管、引渡以及其他国际刑事司法协助成为空谈。事实上,尽管在刑事诉讼移管、引渡等司法协助过程中可能会存在国际共同利益的维护与人权的保护矛盾的对立面,但是,国际社会共同利益的维护应成为当事国决定是否刑事诉讼移管、引渡以及进行其他司法协助的首要因素。当国际共同利益的维护与人权的保护发生冲突时,应首先从维护国际共同利益与控制、惩处国际犯罪的现实需要出发,在兼顾被追诉人人权保护的前提下,秉持彼此互信合作的愿望,求同存异,采取灵活多样的方式,合理地促成主权国家间达成刑事诉讼移管、引渡等合作协议,推进刑事司法协助的进程,实现控制、惩处犯罪,同时保障人权、维护国家主权的双重目的。

我国在现阶段乃至今后一段时期仍然要保留死刑,这是由我国的国情决定的。但随着世界上废除死刑、禁用死刑趋势的日益强化,废除死刑国家的不断增多,在国际司法协助过程中采用死刑不引渡原则的国家、死刑不移管的国家必然会日益增加,特别是随着我国对腐败犯罪力度的空前加大,外逃贪官造成的社会危害日益严重,将外逃贪官遣返回国进行刑事审判已成为全国人民的民心所向。而在我国与外国磋商的过程中,很多国家如加拿大、美国等均提出了不得对当事人适用死刑的条件。在这种形势下,如果我们仍然不能清醒认识这种国际环境和国内形势,在他国提出不得适用死刑的要求时犹豫不决,必然会丧失遣返外逃人员至国内审判实现司法公正的最佳机会,无疑会妨害实现我国的刑事司法权。反之,如果我们明确立法确认死刑不引渡原则、死刑不移管原则，在实践中恪守承诺，则更加容易与外国达成一致，便于将外逃犯罪嫌疑人遣返回国。尽管在随后的审判中不能适用死刑，但是，我们毕竟可以依据自己的国内法行使了刑事司法权，在国内实现了惩处外逃贪官的法律效果、社会效果和政治效果的统一。如果我们拒绝接受不适用死刑的条件，在刑事立法中又不作出明确规定，这无异于给许多废除死刑的国家、禁用死刑的国家提供了拒绝给予刑事司法协助的理由，而且容易引起对我国谋求国际刑事互助立场的误解。当然会有人这样认为，对犯罪分子是否适用死刑是我国主权范围内的事情，不容他国干涉内政。诚然，笔者赞同这一观点，但是，如果我国拒绝在死刑问题上做出承诺，而世界各国无一不坚持输入资产在国内应用的立场，对携带巨额资产的外逃贪官既不起诉，又不审判，从而使他们逍遥国外，这种结果正是国内不法分子所希冀、国外犯罪分子所向往的结局。笔者认为，在处理死刑不移管与控制犯罪关系问题的指导思想是：与其允许逃犯逍遥国外不如信守不适用死刑的承诺将其遣返回国接受刑事处罚。

四、"死刑不移管"在我国的适用

死刑问题、人权保护问题与刑事诉讼移管的对接与排斥，是人权观念的深入人心以及人权保护的迫切需要促成的。在一定意义上，笔者提出"死刑不移管"原则已不是一个新名词，而是针对国际刑事司法协助实践中客观存在的障碍，吸取"死刑不引渡"原则的合理内核提出来的。目前，人权保护理念已不是西方国家独有的价值理念,"死刑不移管"原则的提出,亦不属于笔者的独创,而是遵循我国惩处犯罪和保障人权的价值取向,尝试探讨如何从全球刑事法治的角度去适用死刑不移管原则。

首先,死刑不移管原则是对国家司法主权的挑战。这种挑战一方面表现在一国独立行使刑事司法管辖权的权力受到了限制,相关当事国为了达成刑事诉讼移管的一致,事实上不得不放弃自己的一部分司法主权权力,被动地接受对方提出的条件。另一方面,死刑不移管原则对相关当事国的刑事政策也是一种挑战,使得相关国家的刑事立法权面临尴尬的局面。在司法实践中,死刑不移管原则甚至有可能成为一些可能被判处死刑的犯罪分子的"免死金牌",成为其外逃后又愿意被遣返回国的动因。2004 年 4 月 16 日,中国银行广东开平支行原行长余振东,由美国联邦执法人员移交我国警方。我国承诺不对余振东适用死刑。"赖昌星案"亦是如此,我国承诺"对他在遣返前所犯的所有罪行,中国有关适当的刑事法庭不会判处死刑"。笔者认为,这既是对我国主权的挑战,又是在新时期新形势下我国灵活行使司法主权的妥当方式。从维护国家根本利益、整体利益和长远利益的角度看,接受这种挑战和作出适当的让步不仅是必要的而且是可行的。

其次,死刑不移管原则在我国的适用,涉及国际法在我国的适用问题。虽然迄今为止国际法还没有统一规定国际法与国内法的关系,但是在司法实践中至少存在两项基本原则。一是条约必须遵守原则,即主权国家不能以国内法来改变国际法。二是不干涉内政原则,"各国作为主权实体可以制定任何本国社会所必需的国内法,凡是国家没有承担国际义务的事项,都属于国内法管辖的范畴，不属于国际法的效力范围之内”。[1] 关于国际条约在我国国内的适用问题，虽然我国《宪法》缺乏明确的规定，但是可以从完善我国现有法律体系的细节着手，如删除我国《刑法》中绝对死刑的相关规定。[2] 以免为相关当事国拒绝引渡、拒绝移管、拒绝司法协助造成口实。[3]

最后，关于死刑不移管原则在我国的确立。国际社会存在完全拒绝移管和部分拒绝移管两种立法模式。前者赋予被请求国完全拒绝移管请求的权力，也不对请求国附加任何可以变通的条件。而后者，当请求国承诺满足被请求国提出的某些要求时，被请求国可以准许移管。笔者倾向于赞同后者的立法模式。

以上是笔者有选择地重点论述的三条基本原则，但这并不意味着刑事诉讼移管仅仅依据这三条基本原则。作为能够普遍适用于刑事诉讼移管实践，指导刑事诉讼移管的基本原理和准则，上述三条基本原则务必得以遵循才能保证诉讼移管的顺利进行。当然，基本原则是概括性的抽象的，还需要具体的程序和规则加以细化。因此，具体的细化的程序和规则才可以保证刑事诉讼移管能够充分地发挥惩处和预防国际犯罪、跨国犯罪的功效。

---

〔1〕 曾令良：《WTO 协议在中国的适用及我国法制建设的革命》，载《中国法学》2000 年第 6 期。

〔2〕 例如，《刑法》第 239 条规定：犯绑架罪判处 10 年以上有期徒刑或者无期徒刑，并处罚金或者没收财产；致使被绑架人死亡或者杀害被绑架人的处死刑，并处没收财产。又如，《刑法》第 121 条规定：犯劫持航空器罪判处 10 年以上有期徒刑或者无期徒刑；致人重伤、死亡或者使航空器遭受严重破坏的处死刑。

〔3〕 赵秉志：《国际区际刑法问题探索》，法律出版社 2003 年版，第 352 页。

CHAPTER 04 >>

第四章

刑事诉讼移管的规则

刑事诉讼移管的程序是指在国际刑事司法协助过程中，当事国就刑事诉讼移管事项提出请求、办理、结案、结果通报等步骤安排的先后次序，是对移管当事国双方或多方为保障诉讼移管的顺利进行作出的例行规定。在通常情况下，一般不涉及刑事诉讼移管之后移管接受国依据其国内法即将进行的具体刑事诉讼程序。刑事诉讼移管的程序与一国之内进行的诉讼程序有明显的不同。一国之内的刑事诉讼程序涉及刑事诉讼活动的阶段和过程、诉讼主体之间的关系结构等问题，如侦查、起诉、审判、执行程序，审判环节的一审程序、二审程序、死刑案件的特别程序、再审程序，一审程序中还有简易程序和普通程序，在英美法系国家还有辩诉交易、罪状否认程序等。在此，本章着重论述主权国家在刑事诉讼移管过程中的程序问题。

程序正义是现代刑事诉讼的基本价值观,正当程序已彰显出了前所未有的重要价值。在现代国际法治社会,诉讼程序不仅表征为当事国必须履行的法律手续,而且更多地表征为当事国双方、多方参与促成合理的刑事司法互助的全过程。这一过程不仅直接决定着刑事司法协助个案的最终裁判,赋予裁决的正当性,而且,通过选择当事国确定了实体法的具体适用,直接影响着当事人的诉讼权利和切身利益。刑事诉讼活动是应对犯罪行为而启动,在此过程中,为收集证据、查获犯罪人,在一国之内,必然需要该国司法机关的积极参与,为防止司法权力的滥用,杜绝侵犯人权现象的发生,为此,一国的立法者试图从司法技术层面上预先确定诉讼程序规则,以此划定国家与个人之间在刑事诉讼活动中的权利义务界限。换言之,“未经法定程序,不得追诉惩罚犯罪”成为现代刑事诉讼的一条定律。同样,恪守法定程序的理念也适用于国际法治社会,现代国际社会中国家间的司法合作程序不仅是当事国共同遵循的技术操作指南,指引着当事国依照法定的、约定的先后顺序进行一系列的司法协助活动,遵循规范的合作流程,防止在国际合作中节外生枝,同时,又约束当事国国家权力的具体应用,一方面可以防止当事国假借追诉国际犯罪之名随意、过度地干预本国公民、外国公民甚至无国籍人的自由生活;另一方面也可以防止当事国假借追诉犯罪之名行放纵犯罪、包庇犯罪之实。无论是法定的还是约定的合作程序均是当事国追诉犯罪必须遵守的法律界限;逾越法定程序的边界,即便客观上能够有效地打击国际犯罪,也因自身的违法性而为国际法所禁止。在此意义上,笔者赞同刑事诉讼法学界普遍通行的说法,即未经法定、约定程序,当事国不得进行刑事诉讼移管活动。当然，笔者不是绝对地强调在任何情况下均必须毫无灵活性地、刻板地遵循法定的、约定的程序，而是主张可以根据国际司法协助进程的具体实际，灵活应用。例如，在当事国处理诉讼竞合事宜过程中如果达成一致，解决了管辖权的归属问题，就无须再进行请求、受理、审查环节，而可以直接进入办理案件阶段。

程序是指事情进行的先后次序、工作程序、会议程序。〔1〕规则是指规定出来供大家共同遵守的制度或章程。〔2〕可见，程序和规则的含义有不同之处，但程序和规则也有共同点，二者均具有约束力。在刑事诉讼进程中，诉讼主体违反程序或违反规则，会导致诉讼行为无效的后果。但从程序和规则的实质含义上看，程序强调办理事务的先后时间顺序、工作流程，违反程序通常会导致诉讼行为无效的后果，因此，诉讼主体要遵循既定的诉讼程序上的规则，但如果一方对他方违反先后顺序的事实予以认可的话，还存在追认前行程序的可能，追溯其效力的可能；而规则侧重于规范、准则，更注重实体上的约束力，如英美法系国家的"非法证据排除规则"等。按照规则所规定的内容的不同，可将规则分为实体规则和程序规则。实体规则是规定实体权利和义务内容的法律规则，程序规则是规定实现权利义务的方式和条件等程序性内容的法律规则。两者合成法律规则，即规定法律上的权利、义务、责任的准则、标准，或是赋予某种事实

---

〔1〕《现代汉语词典》(增补版)，商务印书馆2001年版，第163页。

〔2〕《现代汉语词典》(增补版)，商务印书馆2001年版，第474页。

状态以法律意义的指标、规定。[1] 程序规则是由程序性权利、义务以及程序性法律后果构成,具体到刑事诉讼程序规则而言,是诉讼主体进行刑事诉讼时应当遵守的操作规程,以及违反操作规程所承担的法律后果作出规定的法律规则。[2] 程序规则常见于诉讼法中,表现为具体的操作程序。实体规则常见于实体法中,但实体问题与程序问题互相交叉,在几乎所有的诉讼程序中都可能存在一些旨在决定具体适用范围、条件以及相应法律后果的规则,这些规则尽管被确立在程序法之中,却属于"程序法中的实体规则"。[3]

综上,笔者在此论及国家间刑事诉讼移管的程序和规则时,对程序和规则没有作出详细的划分,国家间刑事诉讼移管的法定条件、适用范围、法律效力、权利保障、证据移交等具有实体规范的性质,在一定意义上讲更侧重于实体事项,属于实体规则,其中证据的收集、移交、效力承认等,由于最能突出证据制度方面的特殊规范,符合学术界通行的"规则"说法,所以本章"刑事诉讼移管的程序和规则"包括程序规则和实体规则两个部分。

第一节　受案范围和适用条件

任何一国都不会心甘情愿地把本应属于自己管辖的刑事案

[1] 张文显:《法理学》,高等教育出版社、北京大学出版社 1999 年版,第 78 页。

[2] 张会峰:《刑事诉讼法中的程序性裁判》,载《法学》2002 年第 4 期。

[3] 陈瑞华:《审判之中的审判——程序性裁判之初步研究》,载《中外法学》2004 年第 3 期。

件移交给他国,由他国的司法机关依照该国的刑事法律进行审理,可以说每一个国家在刑事诉讼移管问题上都十分慎重,表现在都对诉讼移管适用的案件范围和必备条件做出详细、明确的规定。

一、受案范围

对刑事诉讼移管适用的案件范围,国内学者进行了较为深入的研究。马进保教授将刑事诉讼移管的案件范围概括为以下几种:“犯罪嫌疑人通常居住在被请求国;犯罪嫌疑人是被请求国国民;犯罪嫌疑人正在被请求国接受审判,或者将要交付法庭审判,可能被判处剥夺自由刑的判决;被请求国正在对嫌疑人就同一罪犯或其他犯罪提起诉讼;诉讼移管被认为有利于查清案件事实;在被请求国执行刑罚被认为可能促使被判刑人重返社会;认为不能确保犯罪嫌疑人出席请求国的庭审,而可以确保其在被请求国出席庭审。上述诸种情况在同一个案件中可能有几项同时出现,但是只要有一种事实存在就可以适用诉讼移管程序,有关方面有义务予以协助。”〔1〕

笔者认为,刑事诉讼移管适用的案件范围问题,不仅仅是法律问题,更重要的还是一国的政治问题、外交问题,在国际交流、经贸往来、互相依赖日益增强的国际背景下,一国是顺应时代潮流,从更高远、更长久的立场维护国家利益,还是仅仅顾及眼前

〔1〕 马进保:《国际犯罪与国际刑事司法协助》,法律出版社2003年版,第217~219页。

利益、短期利益，都会在刑事诉讼移管案件范围的设定上反映出来。从目前世界各国有关刑事诉讼移管的立法规定看均采取比较谨慎的态度和做法，对此，笔者认为，刑事诉讼移管适用的案件范围应该是开放性的，随着世界形势的演变而处于不断地变化之中，而非僵化的、狭小的，结合世界各国现有的立法规定以及国际公约的相关规定，笔者认为，只要当事国间互信互助，完全可以不受事先约定案件范围的羁绊，突破已有的范围框架，因为这是当事国间深入合作、密切合作的突出表现，诉讼移管是互信的合作。再从世界各国的立法规定看，关于可移管刑事案件的范围也并不确定，即使是《欧洲刑事诉讼移管公约》也同样如此，而只列举出某些特定情形。笔者认为，下列案件适宜列入可以移交他国管辖的范围：[1]

一是不予引渡案件。在国际社会，大多数国家的引渡法以及相互间的引渡条约都对引渡规定了许多严格的条件，这是众所周知的事实。而根据这些法定的条件，许多犯罪分子很难会被引渡至他国。因为本国国民不引渡是一条刚性原则，而且很多国家都遵行这一原则，实行严格的引渡条约前置主义，因此，被请求国对于针对本国国民，或者针对永久居住在本国的居民的引渡请求，一般会予以拒绝。在此情形下，请求国可以委托被请求国对犯罪分子进行追诉，同样可以实现惩处犯罪的目的。如瑞士《国际刑事司法协助法》第 85 条第 1 款就作出了这样的规定。

---

〔1〕 笔者从导师赵永琛教授的著作中受到很大的启发，在此表示衷心的感谢。

二是轻罪案件。依照请求国的法律,如果被追诉人所犯的罪行在本国法中属于轻罪,那么请求国完全有理由对此种轻罪不诉诸引渡程序,因为一旦诉诸引渡,反而不利于惩处轻罪犯罪分子。倘若引渡成功,依照请求国的法律,犯罪分子应受追诉的期限很有可能已经超过现行羁押期限,不得不立即释放,这无疑会放纵犯罪。这种结局有违引渡的初衷。为避免这种情形的发生,对于轻罪案件,请求国可以委托犯罪分子所在国进行管辖。

三是数罪并罚案。当某个犯罪分子在一国实施了两个或者两个以上的刑事犯罪,而被请求国正在对该犯罪分子的同一个罪行,或者其他罪行进行追诉,那么该国可以委托被请求国合并审理本应由该国自主管辖的案件,以便被请求国进行数罪并罚。如果该国坚持不委托被请求国行使管辖权,那么该国就很有可能丧失追诉该犯罪分子的机会。尽管此举不是适用本国法律追诉犯罪分子的最好选择。

四是主要证据集中于外国的国际犯罪、跨国犯罪案。由于犯罪分子在两个或者两个以上国家作案,受害国、犯罪地国或者犯罪分子所属国都有权主张管辖权。但是,当犯罪证据主要集中在上述诸国中的某一国家,且该国已实际控制犯罪分子,并对此案准备进行追诉或者做好追诉的准备时,其他相关国家可以委托该国合并管辖。同样,对于无法确保犯罪嫌疑人出席本国的庭审,很有可能造成缺席审判时,遵循司法公正的精神,该国也可以请求已经对此案实际行使控制权的国家进行追诉。

五是外国已追诉的集团犯罪案。国际犯罪具有跨国的、有组织的、集团犯罪的特点,犯罪集团的成员往往来自不同的国家,分别具有不同的国籍。当该犯罪集团实施某种犯罪活动如贩毒、拐卖人口等而被某个国家追诉,或者其成员被该国羁押,该国按照本国法律实行管辖后,尽管其他相关国家依据属人管辖原则也有权主张管辖权,但是,实际上犯罪所属国很难进行有效的侦查、起诉和审判,在此情况下,犯罪分子所属国可以考虑将案件移交给实际控制犯罪分子的国家。

六是附带民事诉讼案。因犯罪分子实施了某项罪行而被附带承担民事责任时,当事国、当事人一般可以提起刑事附带民事诉讼。倘若该民事诉讼的结果对一国没有影响,但对他国有重大影响时,该国可以考虑把可由其管辖的刑事案件移交给他国,由后者进行起诉和审判。

以上列举的案件范围并不全面,而且富有弹性,弹性张力的大小完全取决于一国的自主意愿。从维护国家根本利益的立场看,一国对于可能危及国家主权、安全、公共秩序,损害国家重大利益的案件不会轻易移交他国管辖。具体来说,"对于那些犯罪情节恶劣、社会危害性巨大、民愤极大的犯罪案件,当事国一般不会也不应移交外国管辖"。[1] 这又印证了一国是否把某个刑事案件移交他国管辖,完全取决于该国自愿的原理。

二、适用条件

综观世界上国际公约和国家刑事法中规定的有关刑事案件移管的适用条件,均属明文规定的法定条件,无论是以单行法形式规制刑事诉讼移管的国家,还是附属于刑事诉讼法规制刑事

---

〔1〕 赵永琛:《国际刑法与司法协助》,法律出版社1994年版,第276页。

诉讼移管的国家，均强调遵守本国法规定的法定条件。

关于刑事诉讼移管具体适用的条件，我国国内学术界已有广泛的研究。贾宇教授认为，刑事诉讼移管适用的条件包括："符合双重犯罪原则；不属于政治犯罪或军事犯罪；未超过诉讼时效；不存在其他刑罚权消灭的事项；不会导致一罪二罚。"[1]学者柯葛壮认为，在遵循国际刑事司法协助一般原则的基础上，请求和接受转移诉讼通常须符合下列条件："案犯处于被请求国境内，且不宜引渡或不允许引渡；案犯是被请求国国民，或虽是外国人但在被请求国有惯常住所；在被请求国提起诉讼，有利于其恢复社会生活；请求国保证在被请求国审判后，不再因同一罪行对案犯追究刑事责任。"该学者还进一步提出了刑事诉讼移管的请求一般应附有的资料名目。[2] 另外，有的国家国内法还规定，请求国必须是犯罪发生地国，案犯必须在被请求国因其他更严重的犯罪而受审等。

如本书第三章所述，刑事诉讼移管的基本原则与刑事诉讼移管的适用条件属于不同层面的两个概念，前者能够适用于刑事诉讼移管的全过程，始终具有根本性、全局性意义，是国际社会公认的刑事诉讼移管基本原理和准则，后者是指直接裁量具体案件是否适宜进行刑事诉讼移管，且具有相当可操作性的尺度。尽管原理和条件两者某种意义上会存在交叉，但是笔者在

---

〔1〕 贾宇：《国际刑法学》，中国政法大学出版社2004年版，第465～466页。

〔2〕 柯葛壮：《国际刑事司法协助各论》，载《政法论坛》1996年第4期。柯葛壮认为，刑事诉讼移管的请求一般应附有的资料包括：(1)提出请求的主管机关；(2)有关案情的说明，包括犯罪的具体时间和地点；(3)案件调查结果的陈述；(4)请求国认为该行为是犯罪的法律依据；(5)关于案犯身份、国籍和住处的准确陈述。

此尝试将其做一划分,将上述有学者列举的双重犯罪原则、一事二审理原则从“适用条件”中分离出去,仅仅列举刑事诉讼移管的必备条件加以探讨。需要说明的是,名为必备条件,实质上当事国间可以适当做出变更,只要当事国间能够达成一致。具体有如下几个条件。

(一)被追诉人在被请求国境内

被追诉人身处被请求国境内,这是前提条件。因为从一定程度上讲,刑事诉讼移管是基于诉讼经济、避免缺席审判等方面的考虑。不论是提出移管请求的请求国,还是接受移管请求的被请求国,通常是基于被追诉人身处被请求国境内这一现实的考虑。假如被追诉人不在被请求国境内,则被请求国通常不会接受刑事诉讼移管的请求(但存在移交证据的情形)。同样,请求国也不会向被追诉人不在其境内的国家提出移管请求。被追诉人身处被请求国境内,也许可能因为该个人本身是被请求国国民或者常住居民,在国外犯罪后回到本国或者常住地;也许可能是从事跨国性犯罪时被请求国抓获在被请求国受审;或者是在请求国实施犯罪之后逃亡到被请求国。具体情形不一而足。在后一种情形下,只有当该被追诉人实施国际犯罪时,被请求国才可以接受移管的请求,对该被追诉人提起诉讼。“如果该被追诉人实施请求国国内法上的犯罪,而该人又不是被请求国国民,或者常住居民,被请求国对该被追诉人实施的犯罪则没有管辖权,因而也就不能接受移管的请求。”[1]

---

〔1〕 张智辉:《国际刑法学》,中国政法大学出版社1999年版,第373页。

（二）请求国对相关犯罪拥有管辖权

在刑事诉讼移管中提出移管请求（无论是提出输出请求还是输入请求）的国家，必须是对移管的犯罪享有管辖权，如果对该犯罪没有管辖权，则不能请求他国对该犯罪提起诉讼，因此请求国以犯罪地国和受害国较多。按照国际刑法公约和各国国内刑法的规定，每个国家都对发生在本国境内的犯罪拥有刑事管辖权；对针对本国国家，或者国民的犯罪，亦拥有刑事管辖权。对某一犯罪享有管辖权的国家，通常都愿意由本国的司法机关审判该犯罪案件，直接追究犯罪分子的刑事责任。只是在某种特殊情况下，"享有管辖权的国家不能、不便或不愿直接追究犯罪分子的刑事责任，才将案件移交他国，请求他国追诉犯罪"。[1]

（三）存在有效的刑罚权

导致一国刑罚权消灭的原因有很多，但实践中主要有两种：一是超过诉讼时效，一旦某个特定刑事案件超过诉讼时效，该国

〔1〕 张智辉：《国际刑法学》，中国政法大学出版社 1999 年版，第 424 页。所谓"不能"直接追究刑事责任，是指在犯罪嫌疑人不在该国境内，而犯罪嫌疑人所在国按照本国国民不引渡原则拒绝引渡，或者基于某种原因不愿意将该个人引渡给请求国时，因此享有管辖权的国家无法对该犯罪嫌疑人提起诉讼；或者该犯罪嫌疑人在他国因其他犯罪正在受到刑事追究等情况。所谓"不便"直接追究刑事责任，是指该犯罪嫌疑人因其他更为严重的犯罪正在他国受审；或者该犯罪嫌疑人作为有组织犯罪成员，或者其他共同犯罪成员，在他国对该共同犯罪提起的刑事受审中的一并受审更为有利等情况。所谓"不愿"直接追究刑事责任，是指该犯罪嫌疑人所犯罪行较轻，或者犯罪主要证据不在本国境内，或者本国对该犯罪的管辖权主要是刑事附带民事部分，以致享有管辖权的国家基于诉讼经济的考虑，不愿对其直接提起诉讼等情况。

就丧失追诉犯罪的权力，因此，符合法定诉讼时效是一个必要条件。二是出于某种原因，如大赦、特赦、宣告无罪等，而导致一国对案件的刑罚权消失，一国也不应请求另一国进行追诉。综上，刑罚权消灭时当事国均不得再行移交或者接受诉讼移管请求。

以上是笔者个人认为的国家间进行刑事诉讼移管所必须具备的法定条件，当然，世界各国在其双边条约、或者多边条约中往往还设定了诸多其他的条件，作为指引本国诉讼移管必须遵守的尺度。尽管它们设定的条件基本相同或类似，但学者们在与此相关的一些问题上仍然存在分歧：

其一，关于被请求国对移管案件是否必须具有管辖权的问题，存在两种截然不同的观点。赵永琛教授认为，刑事诉讼管辖是一种"代理管辖"，在刑事诉讼转移管辖中，被请求国对该犯罪提起诉讼，其管辖权来源于"委托代理"，即这种管辖权是接受委托、代理他国行使的，没有委托就不存在代理行使的委托。[1] 而张智辉教授则认为，"被请求国对该犯罪具有管辖权是进行刑事诉讼转移管辖的必要条件，因为一个国家之所以接受他国关于转移诉讼的请求，总是基于追诉对象的特殊情况，如所追诉的犯罪人是被请求国的国民"。[2] 对此，笔者认为，被请求国通常应当对相关移管案件拥有管辖权，否则，在请求国提出管辖权异议时，被请求国缺失坚持行使管辖权的法律依据，理应移交案件，这是一般的道理。然而，我们也没有必要一律强求被请求国务必拥有管辖权，当被请求国没有管辖权，而当由其行使

---

〔1〕 赵永琛：《国际司法协助研究》，中国检察出版社1997年版，第63页。

〔2〕 张智辉：《国际刑法学》，中国政法大学出版社1999年版，第372页。

管辖权更有利于惩处国际犯罪、跨国犯罪，请求国又愿意移管相关案件时，这也是一个符合现代诉讼理念的选择。

其二，关于被追诉人应当具备的条件，邵沙平教授认为，“刑事诉讼移管中的追诉对象是犯有可转移之罪的被请求国公民或特定关系人。特定关系人是指长期在被请求国居住，或在被请求国出生的人”。〔1〕而张智辉教授则认为，被追诉人是指正在被请求国内的人。其国籍、与所在国的关系一般没有硬性要求。对此，笔者赞同张智辉教授的观点，因为在刑事诉讼中，被追诉人一般附随刑事管辖权的流转而转移，而极少出现民事诉讼中自主选择管辖法院、适用法律的情形，被追诉人是否具备一定的条件以及具备什么条件对诉讼移管的进行没有太大的影响，一般而言要求被追诉人正在被请求国境内即可。

其三，对被追诉人涉嫌的犯罪性质是否有所要求，赵永琛教授认为，刑事诉讼移管制度中对犯罪性质问题有特殊要求。政治犯罪，或者具有政治性质、种族事务的犯罪应当被排除在刑事诉讼移管之外。《欧洲刑事诉讼移管公约》第11条第4款、波兰和叙利亚在1985年缔结的《关于民事和行使司法协助协定》第13条就此作出了明确的规定。一些国家制定的相关国内法，如瑞士联邦《国际司法协助法》第3条、德国《国际刑事司法协助法》第6条中也有类似条款。另外，军事犯罪、财税犯罪也在被排除之列。〔2〕对此，笔者认为，囿于当下日益猖獗的国际犯罪、跨国犯罪形势，跨国有组织犯罪、恐怖主义犯罪活动等日益渗透

〔1〕邵沙平：《现代国际刑法教程》，武汉大学出版社1993年版，第315～316页。

〔2〕赵永琛：《国际刑法与司法协助》，法律出版社1994年版，第383页。

国际社会政治、金融、经贸等各个领域，只有在全球范围内密切合作惩处犯罪，才能形成预防犯罪、遏制犯罪的严密网络和铜墙铁壁，诉讼移管是密织该网络的重要一环，不适当地将一些刑事案件排除在刑事诉讼移管之外不仅有放纵犯罪的嫌疑，而且是不必要的，因此，在学理上，移管案件不应当受到犯罪性质的限制。

第二节 法律效力

刑事诉讼移管程序一经启动，当事国（请求国和被请求国）之间在司法管辖权的确定、刑事诉讼行为的实施、追诉时效的延长以及定罪量刑适用的法律依据等方面必然会产生一定的法律拘束力，当事国应遵循由诉讼移管程序启动而产生的特殊规则。因为在刑事诉讼移管程序中，提出刑事诉讼移管的请求国与接受移管请求的被请求国在实现司法管辖权过程中，相互结成了特殊的刑事司法互助关系，在请求国和被请求国间产生了相应的权利义务。对此，我国学者多从请求国和被请求国权利和义务的角度来分别阐述刑事诉讼移管对请求国与被对请求国产生的法律效力。

一、对请求国的法律效力

刑事诉讼移管对请求国的法律效力主要体现在请求国享有的权利和承担的义务上，当然权利和义务的划分也并非绝对，有的具有权利和义务的双重属性。

(一)请求国享有的权利

在整个刑事诉讼移管过程中,请求国享有的权利从刑事诉讼移管请求的提出即具有特别重要的意义。主要表现为:

第一,适度的追诉权。请求国在收到被请求国接受移管的决定之前,有权利和义务进行继续进行原有已经进行的追诉措施,包括扣押或者冻结犯罪嫌疑人的财产、保全诉讼证据、通缉、羁押犯罪嫌疑人。

第二,复诉权。当被请求国未公正履行司法职责时,请求国可以依照本国法重新对移管案件进行追诉,这是请求国自主独立恢复诉讼权的一种方式。[1]

第三,追诉时效变更权。为了方便被请求国有足够的时间通过调查、审查、批准是否接受诉讼移管的决定,《欧洲刑事诉讼移管公约》规定,请求国可以延长6个月的追诉期限。当然,被请求国也应当享有同样的变更权。请求国中断、中止时效的行为或者延长时效的行为,在被请求国应当得到合法的认可或者承认。[2] 反之亦然。

(二)请求国应承担的义务

请求国向被请求国提出刑事诉讼移管的请求后,首先要对

---

〔1〕 按照《欧洲刑事诉讼移管公约》第21条第2款规定,缔结该条约的请求国在下列情形下应当恢复行使追诉权和执行判决权;被请求国因法定理由无法接受请求国的委托的,被请求国把关于不提起或者不继续实行追诉的决定通知请求国后;请求国在被请求国通知它对请求采取行动的决定之前撤回了请求;等等。

〔2〕 贾宇:《国际刑法学》,中国政法大学出版社2004年版,第468~469页。

本国产生拘束力。主要表现为：

第一,追诉中止的义务。请求国一旦向被请求国提出诉讼移管的请求,除了进行必要的调查、保全证据以及对被请求国的司法协助之外,请求国(输出请求国)应停止对该犯罪嫌疑人的追诉活动,不得再就移管请求的罪行对犯罪嫌疑人或被告人进行诉讼活动,也不得执行因请求国先前因同一罪行已经对被告人做出的刑事判决和民事判决。当然不排斥在被请求国做出诉讼移管决定之前保留的实施追诉措施的权利。

第二,要善意履行国际义务,如尊重被请求国的司法主权、司法独立、裁决权等。

第三,承认被请求国诉讼效力的义务。移管输出国有义务承认移管接受国依照本国法律进行的一切诉讼行为的法律效力,在没有出现可以主动恢复追诉权的特定情况下,请求国不得就同一刑事案件再行管辖权。当被判刑人在移管接受国刑满,或依法减免刑罚,或者刑罚消灭后,移管输出国不得再对该犯罪分子执行原判决。

第四,提供必要司法协助的义务。在移管接受国依法审理移管案件的过程中,移管输出国应当尽量给予支持和协助,如移交有关的证据材料、提供法律文件、鉴定材料、协助检验和鉴定等。

二、对被请求国的法律效力

(一)被请求国享有的权利

被请求国在刑事诉讼移管过程中享有诸多权利,主要表

现为:

第一,独立决定权。被请求国有权独立自主地对请求国提出的刑事诉讼移管请求进行审查,依照国际法和本国法自行、自主决定是否接受请求国的请求,独立决定接受移管的方式,或者拒绝请求国的请求,也有权撤销已接受的委托。这种权力是独立的排他的,其他国家无权也不得干涉。

第二,独立审判权。对已经接受移管的案件,移管接受国有权按照本国法律,独立进行侦查、起诉、审判。移管输出国不得对接受国进行非法干预。对于依法做出的判决,接受国有权依法强制执行。

第三,调查取证权。被请求国有权临时拘留或逮捕犯罪嫌疑人、被告人、扣押犯罪嫌疑人、被告人的文件、搜查犯罪嫌疑人、被告人的住所、办公场所及相关场所、查获得物证、查封犯罪嫌疑人、被告人的财产、没收犯罪嫌疑人、被告人的犯罪所得及犯罪工具、采取监视措施对犯罪嫌疑人、被告人的进行监控、对在逃的被告人进行通缉和追捕,以及实施本国法律允许的其他法律措施。

(二)被请求国应承担的义务

被请求国一旦接受移管请求,对被请求国也将产生相应的法律后果,被请求国在享有权利的同时也要承担相应的义务,主要有:

第一,公正司法的义务。移管接受国要保障程序合法,在整个诉讼过程中,要严格按照本国刑事程序法的规定进行诉讼活动,不得违反刑事诉讼程序;接受国还要保证司法的公正性,遵循国际社会公认的司法准则,保障输出国的权益不受侵犯,保障被告人、被害人的合法权利,杜绝发生侵犯被告人、被害人合法权益现象的发生。

第二,承认输出国证据效力的义务。对输出国依据本国法律、法令所进行的与移管案件有关的前期诉讼行为和获取的证据材料,接受国应当承认其效力,视为与本国司法机关所进行的活动具有"同等法律效力"。[1]

第三,移管不加刑的义务。移管接受国如果判定被告人有罪,应依本国刑法的规定予以制裁,但接受国最终宣告的刑罚不得比输出国法律规定的刑罚更为严厉,使被告人处于不利的境地。

第四,及时通报诉讼结果的义务。移管接受国一旦接受了输出国的移管请求,有义务向输出国通报在审理案件过程中出现的问题、裁判结果,以便输出国决定下一步的行动。

(三)对第三国的法律效力

对于第三国,刑事诉讼移管也将产生一定的法律效力。如果该第三国是相关诉讼移管公约的缔约国,就应当停止对同一犯罪或者同一犯罪嫌疑人的追诉,并有义务把相关的证据资料移交正在进行追诉的国家,如果有关人员或者罪行正在进行诉讼,应及时通报进展情况。

---

〔1〕 贾宇:《国际刑法学》,中国政法大学出版社2004年版,第468~469页。

第三节 移管的程序

马进保教授将刑事诉讼移管的程序概括为：首先，刑事诉讼移管请求必须以书面形式提出，即应当具备要式法律行为的要件；其次，当被请求国接到移管请求书后，无论是书面材料还是电传文件，迅速采取行动，嫌疑对象尚未被羁押的应当立即实行临时逮捕；再次，当请求国接到被请求国决定接受请求，同意按照诉讼转移管辖的要求行使管辖权的正式文件后，应当着手移交移管材料和犯罪嫌疑人，并同时终止在本国的追诉活动，采取必要方式实现案件的移交；最后，当被请求国正常的诉讼活动按照本国法所规定的诉讼程序向前推进，最终通过法庭审判，确定犯罪嫌疑人的行为性质和应当承担的法律责任，作出生效裁判后，及时把终审裁判的副本及交付执行的情况通知请求国。至此，这一国际犯罪案件的司法合作就成功地实现终结。[1] 笔者认为，马进保教授的归纳和概括基本勾勒出诉讼移管程序的基本架构，大概反映出了诉讼移管的流程，但是有失详尽，针对性较弱，指导移管实践的可操作性比较欠缺，因此，有必要进行深入的剖析。

---

〔1〕 马进保：《国际犯罪与国际刑事司法协助》，法律出版社 2003 年版，第 224～225 页。

一、诉讼移管的提出程序

当一国需要向外国代为办理某项刑事事务时，该国可称为请求国；而当外国应请求国的请求代为办理某项刑事事务时，该国可称为被请求国。在刑事诉讼移管程序中，一国可能是请求国，也可能是被请求国。因此，从一国国内法规范刑事诉讼移管时，需要分别规定请求他国移管和被他国请求移管的诉讼程序。而在国际刑法的角度，刑事诉讼移管的程序应该侧重规范诉讼移管完整的流程，把请求国和被请求国在刑事诉讼移管中的各个程序加以体系化。因此，本节重点阐述国际刑法意义上的刑事诉讼移管程序，适用于诉讼移管双方或多方诉讼移管当事国。一国根据本国的司法实际，需要向他国提出刑事移管请求时，必须遵循以下的细则。

（一）请求权的确定

一国国内的某个警察或司法当局在办理具体的刑事事务过程中，需要把某个刑事事件向外国移转时，首先，该办案单位必须按照本国法规的级别管辖逐级上报；其次，该办案单位的主管当局加以审查，决定其请求的合法性和必要性；再次，该主管当局要向中央司法主管机关提出报告；最后，由中央司法主管机关确定是否准许向外国移转该刑事诉讼。每个国家的司法体系不同，如何确定移管请求权由各个国家自行决定。不过，一般来说，国家间在缔结此类司法互助协议时都明确指定了办理司法协助事务的中央机关。例如，负责侦查事务的中央主管机关是各国最高警察当局或联邦警察当局，国际刑警组织会员国的国家中心局；负责起诉事务的中央主管机关是各国最高警察当局，总检察长；负责审判事务移转的中央主管当局是有终审权的最高法院。许多国家都把本国的司法部指定为司法协助的中央主管机关，凡涉及侦查，起诉或审判事务时分别不同情况由各中央主管机关予以确定，然后根据本国和被请求国确定的中央机关正式确认刑事诉讼移管的请求权。

（二）移管请求书的制作

刑事诉讼移管请求书一般由请求国的中央机关制作。内容包括：主管机关名称；所涉犯罪案件的性质；被告人的姓名、出生日期和地点、体貌特征、住址及相关情况；主要犯罪事实；证据说明；法律根据；等等。确有必要时还包括：有关证人的身份和住址的说明；对获取的证言或陈述方式的说明；对有关证人出国的费用的说明；被搜查和扣押的物证说明；被告犯罪前科的说明；等等。请求书应明确提出具体的请求，不可含糊其词，请求书应用被请求国可以接受的文字制作。

（三）请求书的送达

诉讼移管请求书的送达方式因当事国间是否存在相关约定而有所不同。

一是如果请求国和被请求国间缔结了有效的刑事诉讼移管条约，则应按照条约规定的方式进行送达。如《美国和墨西哥相互司法协助合作条约》第2条规定由美国的联邦司法部与墨西哥的共和国检察长协调送达。《中华人民共和国和土耳其共和国关于民事、商事和刑事司法协助的协定》第 11 条规定,当事国的外交或领事机构可以向其本国国民送达,但不得采取任何强制措施。

二是如果请求国和被请求国间未订相关条约,可以采取个案处理的方式,如通过外交途径、领事馆、临时商定的方式等,在紧急情况下,也可以通过国际刑警组织送达。

二、诉讼移管的办理程序

(一)审查

诉讼移管的办理程序首先是被请求国对刑事诉讼移管请求的审查程序。被请求国对刑事诉讼移管请求的审查制度大体上与引渡程序中的审查制度相同,但审查内容侧重于管辖权的归属、移管请求的合法性、公共秩序保留等,如果存在可以拒绝接受移管或者不可以移管的情形,被请求国将予以拒绝。[1] 相

---

〔1〕 依据《欧洲刑事诉讼移管公约》的规定,具备下列情形之一的,都会被拒绝协助:①请求所依据的理由不正当;②嫌疑人在被请求国没有惯常居所;③嫌疑人不是被请求国的国民且无居所;④被追诉之罪被认为是具有政治性质或纯军事性质的犯罪或财税犯罪;⑤追诉请求是基于种族、宗教、民族或政治信仰的考虑而提出;⑥追诉时效已过;⑦犯罪是请求国领域以外实施的;⑧追诉活动将违反被请求国所承担的国际义务;⑨追诉活动将违反被请求国法律制度的基本原则;⑩请求国违反有关程序规则。《中华人民共和国和希腊共和国关于民事和刑事司法协助的协定》第 5 条规定,如果缔约一方认为执行缔约另一方提出的司法协助请求可能损害其国家的主权、安全或公共秩序,可以拒绝执行该项请求。第 29 条进一步明确,如果被请求的缔约一方认为请求所涉及的犯罪具有政治性质或为军事犯罪;请求所涉及的嫌疑犯或罪犯是被请求的缔约一方国民,且不在提出请求的缔约一方境内;根据被请求的缔约一方法律,请求所涉及的行为并不构成犯罪;被请求的缔约一方已对该请求所涉及的嫌疑犯或罪犯,就同一罪行作出了终审裁决。可以拒绝刑事司法协助。

反,如果被请求国不拒绝请求国的诉讼移管请求,一般会决定予以接受,当被请求国决定接受刑事诉讼移管请求之后,被请求国将就请求所涉及的事项诉诸国内诉讼程序。首先进行立案,由该国拥有管辖权的司法当局将该案列为国内法上的案件,进入国内刑事诉讼程序。

(二)审理

被请求国决定接受刑事诉讼移管的请求之后,应当指令本国有关司法机关按照本国法律规定的程序,对相关案件进行立案、侦查、起诉、审判、执行刑罚。请求国依据其本国法律就该案件所完成的诉讼行为和所采取的法律措施,应当依照协议程序进行移交,并应当在被请求国的刑事诉讼中得到承认,请求国通过本国正当法律程序获取的证据如证人证言,在被请求国应当具有同样的证明力,或移管接受国委托移管输出国进行、合作进行进一步再深入的调查取证,直至移管接受国顺利完成完全的法律程序,实现诉讼程序的终结。

被请求国在受理请求国提出的诉讼移管请求之后,在没有进入国内诉讼程序之前,如果认为确有必要,或出现特别紧急的情形,根据请求国的书面请求可以先行采取某些临时性措施。对此,有学者提出,被请求国可以先行采取两类临时性强制措施。一是针对被追诉人采取临时逮捕羁押措施;二是针对涉案财物采取临时扣押证据措施。学者成良文将其概括为"临时拘留和逮捕、扣押物证、和其他必要的强制措施三类",并提出被请求国还可以根据实际情况采取"取保候审、监视居住等强制措施”。[1] 因为临时逮捕、羁押涉及剥夺当事人人身自由问题，因此，要求符合严格的条件。[2] 其中，应请求国请求进行的临时逮捕手续甚为繁杂，请求国应当出具依据其本国法定的程序发布的逮捕令，或者其他具有同等法律效力的命令，犯罪分子的自然情况，涉嫌犯罪的时间和地点，主要案情等。如果被请求国在一定期限内未收到请求国的正式请求，以及其他依附该请求的任何证明文件，则该人应无条件予以释放。这种临时逮捕后羁押的最长期限“不应超过 40 日”。[3]

（三）诉讼的恢复

当请求国提出诉讼移管的请求未能获得被请求国的批准，无法获取被请求国的支持或协助时，请求国可以恢复对该案件的刑事诉讼，重新启动本国的刑事诉讼程序。其情形主要有：一是请求国在发出移管请求之后，基于某种理由，主动撤回了诉讼移管请求；二是被请求国受理移管请求之后，经过审查，认为不具备必备的法定条件，决定不对该请求采取任何行动，或者基于某个法定理由或者酌定理由，拒绝接受请求；三是移管接受国在向移管输出国正式做出接受请求的决定后，由于接受移管的条件发生了变化，或者出现了其他特别的情形，做出撤销对该诉讼移管

---

〔1〕 成良文：《刑事司法协助》，法律出版社 2003 年版，第 125 页。

〔2〕 贾宇教授将其概括为：(1)如果被请求国对案件本无管辖权，则首先必须存在请求国移管诉讼的意向或请求书，形成对被请求国的授权，方可采取临时逮捕。(2)被请求国的法律准许因该罪行而进行羁押，换言之，实行临时逮捕羁押要符合被请求国法律规定的条件。(3)有理由担心嫌疑人将会潜逃或者将湮灭证据。这是为了临时加强对嫌疑人的控制，以保证可能在诉讼移管后所开展的追诉和审判。

〔3〕 贾宇：《国际刑法学》，中国政法大学出版社 2004 年版，第 466～468 页。

请求的决定，并将撤回接受移管的决定通知了移管输出国。不论属于哪一种情形，请求国均可以恢复对该案件的诉讼程序，针对提出移管请求时所处于的刑事诉讼阶段，采取必要的措施。在侦查阶段中止的，应当继续进行侦查；在查清全部案件事实后依照法定程序提起诉讼。提起诉讼后中止的，应当继续审理程序；在一审判决已经做出但未生效，应当允许当事人上诉。恢复诉讼后的诉讼时效应当扣除从中止诉讼到恢复诉讼之间延续的时间。

三、诉讼结果的通报程序

移管接受国在审结请求国移交的案件之后，应将诉讼结果及时通报移管输出国。通报的内容应包括案件的受理情况、对被告人的处理决定、物证的返还、受害人权益的保护等。结果通报应当通过正常途径送达移管输出国的中央机关。在一般情况下，结果通报应附有刑事判决书的副本以及其他相关文件。诉讼结果通报通常不需要进行认证。

此外，需要阐述一下与诉讼移管紧密相关的刑事诉讼竞合问题。

关于刑事诉讼竞合，王铮副教授认为，“所谓刑事诉讼竞合，又称刑事诉讼之多边性，它是指在两个或两个以上国家都拟待进行对同一涉嫌者因同一罪行的刑事诉讼时，各当事国通过协商决定将案件的诉讼移管给其中一个国家完成，其他国家放弃管辖权或暂缓自己的追诉活动”。[1] 对国际犯罪和跨国犯

---

〔1〕 王铮：《国际警务合作中的刑事诉讼转移管辖》，载《中国人民公安大学学报》1997 年第 5 期。

罪,以及其他含有涉外因素的国内犯罪而言,当一国已经对该犯罪启动刑事诉讼程序,或者准备将该刑事案件移交给另一国家进行追诉时,相关国家也可能在进行或准备进行针对该犯罪的刑事诉讼活动,需要有关当事国对诉讼程序加以协调,避免发生争执管辖、重复追诉的情形。处理诉讼竞合的基本原则有一事不二审原则,任何一个有管辖权的国家,一旦对该犯罪已经进行并且已经就该犯罪做出了实质性的生效判决,其他有管辖权的国家就不能再对该犯罪进行刑事追究,已经启动的刑事诉讼程序就应当停止。有关当事国可以参照《欧洲刑事诉讼移管公约》第 32 条的规定,"为了查清事实并适用适当的制裁,有关国家应当考查在下列情况下由它们当中的一国单独进行诉讼是否顺利,如果是有利的,则应尽力确定由哪一国进行:当对某一人或行为上有牵连的数人指控犯有数种有着质的区别并触犯有关国家的罪行时;当对在行为上有牵连的数人指控犯有触犯各有关国家的同一罪行时"。[1] 黄风教授提出,在某些情况下,刑事诉讼移管可能是由有关各国在了解到对某一案件存在刑事诉讼管辖竞合情况之后开展的磋商中决定,在此情况下,很难确定谁

---

〔1〕 王铮:《国际警务合作中的刑事诉讼转移管辖》,载《中国人民公安大学学报》1997 年第 5 期。王铮副教授认为,有关当事国在充分考虑和评估案件具体情况的基础上,协商一致,决定由其中的一国单独进行追诉。单方决定中止本国诉讼程序的国家应当在作出实体判决之前及时通知另一缔约国,在协商由最适合的国家单独进行诉讼的过程中,有关国家均应推迟实体判决。如果某一国不放弃已进行的诉讼并及时通知了其他有关国家,自该国家发出通知之日起一定期限届满后,它将不再负有义务继续上述推迟。但是,发出追诉通知的国家如果在通知发出之前,或者接到通知的国家在接到该通知之前,它们的主要审判活动已在被告人出席的情况下宣告开始,那么有关推迟判决的规定对这些国家不具有约束力。如果两个以上国家都因符合上述情况而同时追究同一被告人,仍需要积极商定案件由其中哪一国单独进行诉讼更为有利,尽力确定由一个国家进行诉讼,其余国家给予必要的协助。

是诉讼移管合作的请求方或被请求方。为通过协商确定由哪一国单独进行刑事诉讼，有关各国应当及时地相互通报各自针对同一人和同一行为正在进行或者准备提起的刑事诉讼的信息，并且认真评估它们当中谁单独进行有关的追诉活动比较合适。在上述相互通报、评估和协商过程中，有关各国应当暂缓对案件作出实体性判决。[1]

综上，可能在两种情况下启动刑事诉讼移管的程序：一是犯罪地国、受害国向已经实际控制犯罪分子的国籍国提出移管请求；二是犯罪分子的国籍国、经常居住地国请求在押国、受害国、行为发生地国将该案移交自己管辖。“前者只移送诉讼材料而不移交犯罪嫌疑人；后者既转移诉讼材料又移交犯罪嫌疑人，实行双重移转。”[2]

第四节　权 利 保 障

权利保障是刑事程序法中永恒的主题之一，任何一项刑事诉讼制度的确立、发展和完善，无不包含人权保护的踪迹，这在一国之内的刑事诉讼程序法中已是毋庸置疑的事实。在国际社会刑事诉讼移管过程中也不例外，而且如同国内刑事诉讼一样，由于诉讼参与人在诉讼活动中的主体地位不同，其享有的权利

〔1〕 黄风、凌岩、王秀梅：《国际刑法学》，中国人民大学出版社2007年版，第336页。

〔2〕 马进保：《国际犯罪与国际刑事司法协助》，法律出版社2003年版，第223页。

及其保障亦有差异。

一、犯罪嫌疑人、被告人的权利保障

犯罪嫌疑人、被告人在刑事诉讼移管中的地位主要是指犯罪嫌疑人、被告人在刑事诉讼移管过程中所享有的权利、应当承担的义务,以及在权利受到侵害时所能得到的法律保护。[1] 在一般情况下,刑事诉讼管辖的追诉对象主要是在请求国内犯罪的被请求国国民,因而对于被请求国来说,本国国民在刑事诉讼移管中的地位界定似乎并不存在太大的困难。但在国际司法合作实践中的情况则大不一样。国际犯罪、跨国犯罪往往不只是由一人所为,通常由不同国籍的人组成的有组织集团共同实施犯罪。当被转移诉讼的案件涉及不同国籍的共犯时,便出现了外国被告人在诉讼中法律地位的界定问题。在国际法上,世界各国均可以根据属地原则确定外国人在本国诉讼中的法律地位。而在国内法上,外国人在他国刑事诉讼中的法律地位具有特殊性。对此,世界各国对外国人在本国刑事诉讼中的法律地位问题作出了如下几种规定:一是国民待遇,赋予在一国境内的外国人与本国公民处于同等的法律地位,外国人与本国公民享有同等的权利,承担同样的义务;二是最惠国待遇,一国给予另一国人的待遇不低于现在或将来给予任何第三国人的待遇;三是区别待遇,赋予在一国境内的外国人和本国公民不同的法律地位,具体而言视情而定。

---

〔1〕 赵永琛:《国际刑法与司法协助》,法律出版社 1994 年版,第 291 页。

依据世界人权宣言的精神以及法律面前人人平等的原则，外国人和本国公民在一国诉讼程序中的法律地位应是同等的，有权不受非法拘留、逮捕和羁押，有权获得有效辩护、对不公正的处遇提出申诉、请求法律上的援助、获得符合人道主义的待遇、免受酷刑、有辱人格的待遇。当然，外国被告人同样需要遵循审判国的法律和法规，遵循审判国的司法准则，承担其应履行的法律义务。需要指出的是，在实体法的具体适用上，外国人和本国公民的法律地位是有差别的，如我国《刑法》规定，对于犯罪的外国人可以独立适用或附加适用驱逐出境。而对我国的犯罪人却不能作出驱逐出境的裁决。因此，当我国接受某外国移管的刑事案件，如果属于中国人和外国人实施共同犯罪，那么，我国在审理过程中应当赋予外国被告人和中国被告人相同的法律地位，但在具体适用法律上可以区别对待。这也是世界各国通行的做法。

在界定犯罪嫌疑人、被告人的诉讼主体地位之后，其权利保障的问题就可以迎刃而解。王铮副教授认为，“当一国接受诉讼移管请求后，在按本国诉讼程序进行的诉讼过程中，犯罪嫌疑人、被告人不论其国籍如何，应同等地享有该国刑事诉讼法规定的具体诉讼权利，如有权获得辩护，有权不受非法拘留、逮捕、搜查，有权不被强迫自证有罪，有权受到公正审判等”。[1] 在具体的诉讼制度层面，保证不因诉讼移管而使犯罪嫌疑人、被告人的诉讼地位和处境更加恶化。不仅被告人本人有权提请移管接受

〔1〕 王铮：《国际警务合作中的刑事诉讼转移管辖》，载《中国人民公安大学学报》1997 年第 5 期。

国在即将进行的诉讼进程中维护自己的权利,被告人的律师、法定监护人以及亲属均可以提出类似请求。据此,移管接受国对犯罪嫌疑人、被告人的人权保护请求应该予以关注,除非确有证据证实这种请求纯系某种借口,且可能导致有序的诉讼进程而必须予以否决以外,移管接受国一般不得漠视犯罪嫌疑人、被告人的诉讼权利。

二、被害人的权利保障

受到犯罪行为直接侵害的被害人的权利保护问题是刑事程序法首先考虑的问题,其次才是犯罪嫌疑人、被告人的权利保护问题。因为在刑事程序法产生之初,最先维护的是被犯罪者侵害的弱者的利益,因此,被害人的权利保障问题由来已久,20 世纪 70 年代,世界上许多国家制定了被害人援助法。如 1972 年奥地利《对犯罪行为的受害人提供援助法规》,1976 年联邦德国《暴力活动受害人赔偿法》,1982 年英国《证人、受害人保护法》。1983 年欧洲议会《欧洲关于暴力活动受害人补偿协定》。

在刑事诉讼移管中,由于刑事案件具有跨国属性,被害人的权利保障问题更加复杂,更需给予高度的关注。为此,联合国《刑事事件转移诉讼示范条约》第 9 条规定:“请求国和被请求国在转移诉讼中应确保罪行受害者的权利,特别是受害者追复原物的赔偿的权利不应由于此种转移而受到影响。如受害者的索赔未能在此种转移前达成,被请求国如其法律规定有此可能时,应许可将受害者的索赔要求在所转移的诉讼程序中提出,遇受害者死亡,本规定应相应地适用于受害者的受扶养人。”事实上，在刑事诉讼移管过程中，请求国在移管请求书中应将相关未了的索赔事项及时告知被请求国，被请求国在接受请求之初，以及在继而进行的刑事诉讼中均不应忽视被害人的民事诉求，必要时采取适当诉讼保全措施，以便顺利执行最终形成的民事赔偿判决。此外，“移管接受国还应当在本国的诉讼中加强对被害人的人身安全的保护，防止被害人再次遭受不法侵害”，[1]特别是外籍被害人，更应做好安全防护工作。

三、证人、鉴定人的权利保护

移管接受国除了应当保障犯罪嫌疑人、被告人和被害人的合法权利以外，还应当保障证人、鉴定人的合法权利。刑事诉讼移管当事国须向证人和鉴定人提供下列保障：不得对不愿意出庭的证人予以处罚或以处罚相威胁；对于出庭作证的证人，不得因其入境前所犯的罪行或因其证词或鉴定结论而追究其刑事责任、予以逮捕或以任何形式剥夺其自由；向出庭的证人和鉴定人支付交通费、住宿费和不低于本国法律规定标准的补偿或津贴。

四、第三人的权利保障

第三人是指与移管案件本身没有直接的利害关系，但对移

〔1〕 王铮：《国际警务合作中的刑事诉讼转移管辖》，载《中国人民公安大学学报》1997年第5期。

管案件中的有关财物享有合法的物权或债权的自然人。刑事诉讼移管当事国在进行追缴、扣押、没收或返还与犯罪有关财物的过程中,可能涉及属于第三人的财物。因此,“请求国和被请求国均应充分尊重和考虑第三人的合法要求,不应因司法协助活动而损害第三人的合法权益”。[1]

第五节 证据移交

一、证据移交的意义

证据移交是国家间合作惩处国际犯罪、跨国犯罪的刑事司法协助活动。刑事诉讼移管当事国进行证据移交的目的在于一国协助他国有效惩处国际犯罪、跨国犯罪以及其他具有涉外因素的犯罪,既是一国本身完成惩处犯罪、认定案件事实的需要,又是敦促国际、跨国犯罪分子在犯罪事实和证据面前认罪服法,接受惩处和改造,从而有利于其顺利回归社会的需要。

辩证唯物主义认为,但凡事实均发生在物质世界,案件事实也不例外。同理,国际犯罪、跨国犯罪以及其他具有涉外因素的犯罪也必然发生在物质世界,也必然与物质世界发生各种各样的联系。作为“主体”的犯罪分子必然通过一系列行为作用于客体,接触、遗留、改变、位移一些物质,这就形成了源于犯罪过程、反映犯罪过程的物证;在案件事实或关联事实的发展进程

---

〔1〕 贾宇:《国际刑法学》,中国政法大学出版社2004年版,第471页。

中，记载、反映犯罪过程的书证也随之产生；同时，不可避免地，亲身经历或耳闻目睹了案件事实的全部、某个部分、某个环节，或者是案件的实施者、参与者、侵害行为的承受者、旁观者，也就形成了被害人、犯罪嫌疑人、证人等。因此，物证、书证、人证均形成于案件发生、发展的过程，反映案件事实发生、发展的过程，从而具有证据的意义。证据形成于案件的实体过程，又反映案件的实体过程，以致证据成为认定案件事实的基础和核心。证据裁判主义主张，证据不仅仅是查明案件事实和认定案件事实的手段，而且是刑事诉讼活动的基石。刑事诉讼活动的全过程离不开证据的收集、判断和运用。脱离了证据，刑事诉讼必为无源之水，无本之木。因为探知案件事实必须借助证据，案件事实能否认定、如何认定在很大程度上也取决于证据的最终采信。在现代国际刑事司法活动中，证据裁判原则已成为一条公理，为世界各国证据法学的基础理论所确定。

由于国际犯罪、跨国犯罪行为的实施地、发生地、结果地、受诉法院所在地、跨国经过地等往往分属不同的主权国家，很难保证在某一个国家领域内获取的证据即能够齐备相关犯罪的构成要件，国际犯罪、跨国犯罪事实的全部、某个部分、某个环节往往发生在不同国家，犯罪行为的实施者、参与者、侵害行为的承受者、旁观者，往往处在不同的国家、具有不同的国籍，能够证实国际犯罪、跨国犯罪的物证、书证、人证分散在世界范围内也是常态，因此，国家间进行司法合作成为共同惩处国际犯罪、跨国犯罪的必然议题，在诉讼移管的当事国间进行证据移交不仅是认定、惩处国际犯罪、跨国犯罪的需要，也是证据裁判主义的内在要求。这符合世界各国的刑事法律乃至国际条约的相关规定。[1]

综上,笔者认为,证据移交是指一国将特定的证据、证据资料依法转移给他国的一种国家间刑事司法协助活动。证据移交的主体是诉讼移管当事国的司法机关;移交的客体是证据、证据资料。证据移交是移管接受国获取认定移管案件事实的证据的途径和来源,离开它,移管接受国一般很难认定移管案件的犯罪事实,很难实现惩处犯罪的诉讼目的,因此,在刑事诉讼移管过程中,不能忽视证据移交环节。

二、证据移交的特征

在国家间进行证据移交具有以下基本的特征:

第一,移交主体的特定性和对等性。证据移交的主体是诉讼移管当事国的司法机关,一般而言,其他行政机关较少参与刑事案件证据的移交事宜;诉讼移管当事国间进行的证据移交与主权国家向国际特别刑事法庭移交证据不同,后者如主权国家向纽伦堡国际军事法庭、远东国际军事法庭、前南斯拉夫国际刑事法庭、卢旺达问题国际刑事法庭、海牙常设国际刑事法院以及国际刑事法院移交证据,明显具有主权国家向国际社会、联合国履行国际义务的性质,主体的地位不对等,而前者所指的证据移

[1] 如日本《刑事诉讼法》第317条规定"认定事实应当根据证据"。我国《刑事诉讼法》第46条规定:"对一切案件的判处都要重证据,重调查研究,不轻信口供。只有被告人供述,没有其他证据的,不能认定被告人有罪和处以刑罚;没有被告人供述,证据充分、确实的,可以认定被告人有罪和处以刑罚。"

交则更多地具有主权国家间的司法合作性质，对等的主体地位更多显现自愿合作、互惠互利的色彩。诉讼移管当事国的司法机关之间的对等性是国家间证据移交过程中突出的特征。

第二，证据移交的程序性。国家间进行证据移交须严格遵循证据移交申请的提出、接受、审查、批准(拒绝)、执行、移交结果的反馈等程序，每一个环节均依据个案协议、条约或约定有序进行，遵循公正的程序规定。

第三，移交客体的广泛性。在最一般意义上，证据就是证明的根据，用已知的事实来证明未知的事实。当然，这在诉讼证明活动中，如此理解则趋于简单化，因为诉讼证据有着特殊的本质和属性。正如苏联法学家克林曼认为，“证据是借以确认对某一案件有法律意义的事实存在或不存在的一种手段”。[1] 在此，笔者拟将“证据”视为外延宽泛的概念，对证据与证据资料不做十分严格的区分。移管接受国接受输出国移交的证据资料后进行筛选，考量其可采性的立场，在作为“定案根据”的终极意义上指引国家间确定移交证据的对象和范围，以此促进国家间开展合作预防和惩处国际犯罪、跨国犯罪进行证据移交的司法合作。

与在一国之内进行的移交证据活动不同，制约一国之内司法机关之间移交证据的因素不是很多，但制约国家间进行证据移交等司法合作的因素则举不胜举，特别是在实行不同司法制度、证据制度的国家间进行合作更是举步维艰，因此，笔者首先

---

〔1〕［苏］克林曼：《苏维埃民事诉讼法中证明理论的基本问题》，法律出版社1985年版，第101页。

主张拓宽“证据”的范围和种类，笔者欲阐明的观点是只要诉讼移管当事国认为可以证明国际犯罪、跨国犯罪的一切证据资料，或者应移管对方的要求提供的证据资料，在不违反本国法律规定的情况下均可以进行移交，换言之，将证据移交准入的门槛降低，在证据资格或证据能力上适当放宽要求，在这一点上摒弃英美法系国家严格规制证据资格的做法，但最终是否作为“定案依据”由接受国自主裁判；另外，诉讼移管接受国接受对方移交的证据以后，依据本国的证据法再进行证据能力、证据价值的判断，对符合本国法律规定的予以采纳，与本国法律相悖又无其他补救方法的则弃置不用，简言之，即“宽进严用”，在接受或者向外移交证据资料时尽可能地依照本国法律规定提供较大范围的证据资料，而在将他国移交的经过本国法律程序筛选的证据资料用作定案根据时则严守本国的法律规定。

三、移交证据的属性

国家间移交证据的目的在于有效惩处国际犯罪、跨国犯罪，因此，国家间拟进行移交的证据、证据资料自身必然要符合一些基本的要求，对于证据接受国的司法机关认定国际犯罪、跨国犯罪而言应是不可或缺，至少是大有裨益的。为此，证据、证据资料本身应当具备一定的特质和属性，笔者认为，这是国家间进行证据移交的前提条件。否则，即使移交成功，对接受国的司法机关认定国际犯罪、跨国犯罪也无用武之地。依据证据与案件事实的一般原理，笔者认为拟移交的证据或证据资料必须具有诉讼证据的基本特征，即客观性、关联性与合法性，即通说认为的证据三属性。

第一,客观性。这是证据、证据资料为何能够认定国际犯罪、跨国犯罪的根据。诉讼移管当事国拟移交的证据必须是客观存在的事实,而非任何想象、猜测、分析、估计、推断以及来源不清的并不客观存在的事实。考查证据的客观性可以从以下两个方面入手:一是看证据或证据资料是否伴随国际犯罪、跨国犯罪案情进展而出现的。形成于案情发生、发展的过程,无论是实物、痕迹,还是人的主观反映,均应当不以犯罪分子、受害人、证人的主观意志为转移,这是第一层要义;二是看伴随国际犯罪、跨国犯罪案情进展而出现的实物、痕迹和反映是否不依赖诉讼移管当事国司法人员的主观意志为转移,是否受到他国司法人员主观意志的影响,任何受到他国司法人员主观意志改变或者替换收集到的证据资料均不具有客观性。可以说,证据或证据资料应当是独立于案件当事人(国际犯罪、跨国犯罪的犯罪分子、受害人)和司法人员(任何诉讼移管当事国的司法人员)的主观意志之外的客观存在。

第二,关联性。诉讼移管当事国拟移交的证据、证据资料须与国际犯罪、跨国犯罪案情有关联,能够发挥证明的作用;反之,与相关国际犯罪、跨国犯罪无关的事实或材料都不宜移交,因其不能成为诉讼中的证据、定案根据。我国多数诉讼法学者认为“关联系”或称“相关性”是任何诉讼证据的基本属性之一,并对关联性做出深入的诠释,笔者赞同这样的观点:一切拟将移交的证据、证据资料都必须同犯罪事实存在内在的必然联系。所谓“内在联系”是指事物之间的固有联系,而非人为地牵强附会。所谓“必然联系”是合乎规律的联系,而非任何偶然的巧合。任何与国际犯罪、跨国犯罪案件不具有内在必然联系的事实，都不能被用作证据、证据资料移交给他国用作证明犯罪分子有罪的根据。

第三，合法性。尽管我国国内刑事诉讼法学界对刑事证据是否具备合法性尚存争议，但学术界提出的应当依法收集、提取及保全证据的观点已经取得了共识，并广为学术界和实务界接受和认可。就证据本身是否合法与证据的收集、提取和保全是否合法密切相关，不可分割而论，如果取证主体不合法、取证手段不合法、取证程序不合法，那么所取得的证据很难说是合法的，因此笔者赞同证据应当具备合法性的观点，要求取证的主体合法、取证的手段、程序合法、取得的证据以合法的表现形式存在（在不同国家间可以转化证据的形式）。这在实行同一种司法制度、证据制度的一国（不同法域另当别论）之内应当是比较容易做到，即使做不到，也比较容易及时采取切实可行的补救措施。但是，在国家间刑事司法协助的过程中，不同法系的国家间实行迥异的证据制度，在不同法系的国家间进行司法协助，移交证据，证据的合法性问题必然更加复杂。首先，对证据移出国而言，拟将移交他国的证据、证据资料，依据本国的法律来衡量，务必具有合法性，如果依据本国法律考量都得出非法的结论，所谓的证据则不可以移交他国，这是证据合法性的第一层含义。其次，对证据接受国而言，接受证据的目的在于运用证据认定犯罪事实，惩处犯罪，而运用证据认定案件事实的前提是不为本国的非法证据规则所排除，即具有证据的资格，证据能力，具有可采性，这是证据合法性的第二层含义。最后，如果依据证据接受国的法律衡量移交的证据得出非法的、不适格的、不具有可采性的结论,那么,还要探究是否存在"转化"的方式和方法(比如我国向实行当事人主义的英美法系国家移交证人证言笔录,必然不可能被采纳,但可以进行远程视频音频取证,接受双方当事人的询问、质证,则可以转化为合法的证据,辅之以在我国境内的证言笔录),促使证据资料符合证据接受国法律的规定。这是证据合法性的第三层含义。

在两大法系国家间进行证据"转化"具有一定的证据法基础,因为两大法系国家的证据制度存在诸多趋同的因素。众所周知,在英美法系国家,最初是专门为陪审团设置证据规则;在大陆法系国家,则是为职业司法人员设计。两大法系国家证据制度在设立初衷上的差异导致了一系列迥然不同的具体证据规则。但是,随着世界政治、经济一体化进程的逐步推进,两大法系国家的证据制度日益呈现互相借鉴与融合的趋同态势,这为刑事诉讼移管当事国间顺利进行证据移交,以及移交后证据被采信为定案根据奠定了证明理论基础和证据法基础。

英美法系国家实行严格的传闻证据规则,但也正在逐渐放宽传闻证据的采用标准。[1] 英国《1968 年民事证据法》和澳大利亚《1995 年证据法》在"传闻证据"的界定问题上还出现了一

〔1〕 美国《联邦证据规则》第 803 条和第 804 条具体规定了可以采用传闻证据的例外情况,其中,第 803 条列举了在证人可以出庭的情况下适用传闻证据排除规则的 24 种例外,第 804 条列举了在证人不能出庭的情况下适用传闻证据排除规则的例外,包括临终陈述、不利陈述、以前在审判等正式程序中提供的证言、关于个人或家庭历史的陈述、不利陈述、以前在审判等正式程序中提供的证言、关于个人或家庭历史的陈述、因对方不法行为而失去出庭能力的证人证言等。

些新的趋向。[1] 反映了英美法系国家已对传闻证据概念的划分已经摒弃证言的提供形式，而转为证言的来源。在这个意义上，更接近于大陆法系国家证据法中的证人证言、被害人陈述、鉴定意见（证人、被害人、鉴定人不出庭时）等依据英美法系证据理论所谓的“庭外陈述”的概念。无独有偶，而有的大陆法系国家的证据法则吸收了一些英美法系国家证据法的内容，在其法律中设置了排除传闻证据规则。[2] 可以说，这是大陆法系国家法律关于传闻证据规则规定的典型代表。[3] 可见，在由当事人主义、职权主义诉讼模式决定的证据规则方面，两大法系国家的某些证据规则正在呈现互相借鉴与融合的态势，这种相互吸收和借鉴的态势正在成为推动两大法系国家间进行证据移交，以及承认移交证据的证据能力和证明效力的极为有利的条件。

大陆法系国家实行直接言词原则，强调对案件做出裁判的司法官必须直接审查证据，认定案件事实，在庭审调查过程中，举证和质证都必须以口头陈述的方式进行，这与英美法系国家实行以庭审为中心，任何人证须当庭接受询问和反询问，进而排除传闻证据有异曲同工之妙。这是两大法系国家间进行证据移交的便利条件。

---

〔1〕 将传闻证据划分为“第一手传闻”（First－hand hearsay）和“第二手传闻”（more remote hearsay）。前者指直接源于案件事实的传闻；后者指间接源于案件事实的传闻。

〔2〕 如日本《刑事诉讼法》第320条规定：“除第321条至第328条规定的以外，不得以有关书面材料当作证据代替公审期日被告人作出的供述，或者将以公审期日之外其他人的供述为内容所作的供述作为证据。”

〔3〕 何家弘、张卫平：《外国证据法选译》，人民法院出版社2000年版，第1379～1381页。

但不容忽视的是,两大法系国家证据法的相互借鉴和融合态势为证据移交提供了便利,有利于展开证据移交和移交后证据的采纳和采信。但事实上,两大法系国家也存在诸多影响和阻碍证据移交的因素,其中不乏国际政治方面的、国际经济方面的、外交政策方面的等,对此笔者暂不论及这些方面的因素,笔者拟选择两大法系国家适用证据规则方面的冲突作为探讨的重点,以此促进国家间证据移交及采纳、采信证据提供有益的提示和建言。

第一,采纳证据规则。一般而言,大陆法系国家的证据采纳标准比较原则,一般不对证据的采纳做出十分明确的限定,在总体上,但凡对认定案件事实具有一定证明价值的证据都可以被采纳为诉讼中的证据。而英美法系国家的证据采纳标准则较为严格,且有相当明确、具体的限定,不仅有正面的,而且有反面的,即证据排除规则。既有证据“可采性”(Admissibility of Evidence)的理论,又有审查判断可采性的考察细则。[1] 在证据的关联性上,尽管大陆法系国家也予以要求,但往往缺乏明确的规定,由法官自由裁量。反之,英美法系国家却十分强调证据必须具有关联性。

---

〔1〕 何家弘、姚永吉:《两大法系证据制度比较论》,载《比较法研究》2003年第4期。在英美法系理论中,证据的采纳标准被表述为证据的“可采性”(Admissibility of Evidence)。一个证据具备了“可采性”,表明诉讼当事人或其他有关人员提交的证据符合了法律规定的采纳标准,法官应该准许其进入诉讼程序,准许其作为证据让陪审团审查并作为认定案件事实的根据。在司法实践中审查一个证据是否具有可采性,一般从两个方面进行:一是考察该证据是否与案件事实具有关联性;二是考察该证据是否具有合法性。没有关联性的材料不能被采纳为证据;具有关联性的材料,如果不符合法律的有关规定,同样不能被采纳为证据。

第二,传闻证据排除规则。按照英美法系普通法的规定,证人的"庭外陈述"都是传闻,不具有可采性。[1] 而根据大陆法系国家法律的规定,间接来源于案件事实的证据,不仅包括目击证人在庭外的陈述,即使是根据目击证人的转述而形成的庭外陈述,经过职业法官的审查属实,也可以被采纳用作认定案件事实的证据。在这个问题上,两大法系国家适用证据规则上的差异,对不同法系的国家间进行诉讼证据的移交及采纳提出了不同的要求。

第三,非法证据排除规则。英美法系国家强调司法程序的公正,非法证据排除规则,[2]"毒树之果"的禁用可见非法证据排除规则的发展之盛。而大陆法系国家,在一般情况下,法官也会排除那些严重违法、严重侵权对判决产生实质性影响的证据。但是,法官裁量后的判断决定证据的留与舍,这与英美法系国家法定排除非法证据不同。

第四,意见证据规则。英美法系国家对证人分为普通证人和专家证人,专家证人的意见可以被采纳为证据;而普通证人的证言一般需要接受询问和反询问。而大陆法系国家将证人与鉴定人并列,一般认为鉴定意见具有较高的可信度,而对普通证人的证言交由法官自由裁量。

---

〔1〕 如美国《联邦证据规则》第801条(C)款规定:证人在审判或听证时所作的陈述以外的陈述都是传闻。一般除非《联邦证据规则》第802条规定,除本证据规则或者最高法院根据成文法授权制定的其他规则或国会立法另有规定外,传闻不可采纳。

〔2〕 如美国1791年《联邦宪法第四修正案》明确规定,公民人身、住宅、文件及财产不受任何无理的搜查和扣押。违反这一规定获得的证据,均不得在审判中采用。

第五,最佳证据规则。英美法系国家强调最佳证据规则,[1]大陆法系国家则赋予书证副本、抄本、影印本等非原始材料的证据资格,视情承认其证据能力。

四、证据移交的程序

证据移交通常与案件移交同时进行,但不乏存在案件移交之后才发生请求证据移交的案例,对证据移交的具体程序,笔者认为,可以借鉴、适用诉讼移管的具体程序,如证据移交的请求、受理、决定(拒绝)、执行及诉讼结果反馈,在此,不再一一赘述。

五、证据移交的原则

为促使顺利移交证据,及时有效地惩处国际犯罪、跨国犯罪,提高证据移交以及采信移交证据的概率,有必要对诉讼移管当事国间进行证据移交时需双方、多方共同遵循的原则做出预设,借以事先消除不必要的分歧。对此,笔者认为可以设立依据法院地法原则和同等证明效力原则,因为该两条原则是主权国家均能够接受,最可能得到一体遵行的最基本的原则。

(一)依据法院地法原则

由于主权国家对证据的采纳标准、证人资格、证人特权、证

[1] 最佳证据规则是英美法系国家古老的证据规则之一,主要适用于书证。该规则要求书证的提供者尽量提供原件,如果提供副本、抄本、影印本等非原始材料,则必须提供充足理由予以说明。

明责任、证明效力等事项的法律规定往往不尽相同,甚至相悖。因此,当事国在审查证据准人、考察证据是否具有证据能力、是否符合证据的采纳标准时必然存在适用证据法的冲突问题。在刑事诉讼移管过程中,无论是移管输出国还是移管接受国在证据移交过程中对证据的审查总是慎之又慎,均会在维护国际利益、保障国家利益乃至本国居民利益的权衡上综合裁判,但首选依据本国法审查证据、审查证据资料是不容置疑的。笔者认为这也符合国际社会的惯例和刑事诉讼目的的要求。

第一,证据法通常被认为是支配法院的法院地法。在证人是否合法、证言是否具有可采性、证人是否具有证人资格等问题的判定上,理应依据法院地法来决定。[1] 这已经为数百年来国际诉讼的惯例所遵循,已是不争的事实,换言之,符合国际社会的诉讼惯例,又由证据法的工具性质所决定。

第二,诉讼移管中一国适用他国的证据法审查他国移交的证据,这不仅不现实,也必然为国人所不齿,国人难容,审查证据、证据资料具有司法的性质,一国司法机关适用他国法进行司法,已成为过去殖民地社会的诟病,在当今的国际法治社会环境下,一国除了在其所签订或参加的国际条约、国际公约的范围内履行国际义务以外,他国法已被拒在国门之外。

第三,诉讼移管当事国移交证据的目的在于惩罚国际犯罪、跨国犯罪,由于国家间诉讼制度的不同,诉讼模式的不同,采纳和采信证据的标准也不一样。这里有必要区分证据的证据能力和证明力问题。证据能力也称为证据资格、证据的适格性,是指

---

〔1〕 Bain v. *Whitehaven and Furness junction Ry.* (1850)3H. L. C.119.

某证据依法成为法律上的证据的资格和条件,“何种资料可供严格的证明,称此具有严格的证明资料之能力为证明能力,或称证据资格,亦即证据适格性”。[1] 这是大陆法系国家的概念。在英美证据法中称为证据的可采性。而证据的证明力“指证据事实对案件事实是否具有证明作用和作用的程度”。即证据的价值,是指证据对于所要证明的事实具有的实质上的价值。证据能力是法律问题,可以有证据规则来规范。证明力是事实问题,可以依据经验、逻辑来认定,自由心证是证明力的判断方式。诉讼移管当事国欲实现惩罚犯罪的目的,务必依据证据定案,但首先解决他国移交的证据的可采性问题。英美法系国家基于陪审团审判的需要,把证据制度的着眼点置于诉讼前的证据采纳,对证据的证明价值不做预先设定,留待陪审团、司法官根据案件的具体案情进行判断;大陆法系国家基于法官行使查证职能、有效打击犯罪的需要,对证据的收集和采纳没有太多的限制,着眼点在于诉讼后期的证据采信上。法院地不同,采纳、采信证据的标准、重点不同,是一个不容忽视的关键问题。另外,在证据的形式上,移管接受国通常要求符合本国法律规定的证据形式才有可能具备证据资格。如法国证据法规定的书证、认证、推定、当事人自认和宣誓五种证据形式;我国证据法规定的书证、物证、视听资料、证人证言、当事人陈述、鉴定结论和勘验笔录七种证据形式;美国《联邦证据规则》将证据的形式分为言词证据(testimonial evidence)、实物证据(tangible evidence)和司法认知(judicial notice)三种。在证据调取的方法、手段、程序上,证人

〔1〕 陈朴生:《刑事证据法》,台北,三民书局1970年版,第249页。

是否适格、是否宣誓、是否经过公证、证据排除规则的使用情况均须依据法院地法进行审查。在英国证据法上，证人还包括陈述案件事实的当事人以及提供专业意见的专家证人，有作证义务的人不提供证据的，法庭是否强制其作证。在大陆法系国家，证人一般指除当事人、鉴定人以外的第三人，以及证人免征特权等问题，均须依据法院地法进行裁量。还有，对非法证据的界定，[1]均与我国刑事诉讼法要求的严禁刑讯逼供、威胁、引诱获取证据以及国际公约规定的禁止通过“酷刑”获取证据也有不同之处，均需要依据法院地法进行考量。

（二）同等证明效力原则

司法机关的取证活动通常按照取证地国的法律进行，这是不争的事实，一国之内的司法机关依法取证后在本国法域内转移证据，自然不存在质疑证据证明效力的问题。但是，一国的司法机关取证后移交他国的司法机关，跨越了国境，受主权的禁锢，自然产生对他国移交的证据的证明效力的审查和判断问题。往往会遇到下列情形：一种情况是按照取证地国的法律，该证据具有可采性，而按照法院地国的法律则属非法证据；另一种情况是虽然违反了取证地国的法律，但根据法院地国的法律则具有可采性。对此，笔者主张，应当依据法院地国法律进行裁量，在

[1] 美国证据法理论中的非法证据为“evidence illegally obtained”是指用不合法的方式取得的证据，指在取证过程中违反了被取证人的合法权利而取得的证据，非法证据的概念不是指证据的形式，仅指取证的手段非法，违反美国联邦宪法第四、第五修正案的情况下取得证据均应加以排除，不得在审判中采纳为不利于被告人的证据。

第一种冲突情形下,法院地国对按照取证地法律获取的证据可以不予认可,但对于第二种情况,法院地国则可以认可取证地国移交的证据的可采性,并赋予其与本国司法机关依法获得的证据具有同等的证明效力。换言之,他国移交的证据、证据资料,依据本国法裁量具有可采性的,可以视同本国司法机关依据本国法提取,具有同等的证明效力。

2003 年,我国大陆某某省籍男青年张某与我国台湾地区女青年王某某在法国巴黎求学期间相识、相知,经过一段时间的交往、互生好感之后,随即发生争执、分歧,最终该男年青年张某痛下杀手,在巴黎杀害了王某某偷渡回原籍。案发后,法国警方很快查明犯罪嫌疑人张某已经回到我国国内。经过我国大陆警方、法国警方以及我国台湾地区警方的交涉,法国同意将在其本土内发生的依法享有管辖权的命案移交我国管辖,并及时向我国公安部门移交了杀人现场遗留的物品,痕迹,图片,目击证人的证言及辨认照片的记录,张某、王某某同学的证言,张某出入境的记录等相关的证据。上述证据或证据资料,取证的主体,不是我国的司法机关和司法人员,而是法国警方及其警员,我国的司法人员均没有参与审查证人的资格、提取证言、物证等过程,更无从监督。我国某省中级人民法院经过层报中央司法机关,在依据我国刑事诉讼法进行审查后,承认法国移交证据的证明效力,视同我国司法机关及其工作人员的取证,以法国警方移交的证据为定案根据认定张某犯故意杀人罪判处张某相应的刑事处罚。宣判后,法国警方以及我国台湾地区警方反映较好。

六、我国进行证据移交应当注意的问题

根据两大法系国家证据制度方面的共性,以及证据移交过程中适用证据规则上的冲突,笔者认为,证据移交的当事国可以寻求彼此适用的证据规则的共性,找出彼此均能够接受和认可的切入点,避免证据规则适用上的冲突,可以促进移交后的证据被采信为定案根据。对我国而言,结合我国刑事诉讼法的现行规定和司法状况,可以从以下几个方面完善我们自身的取证工作,提升自己的取证水平。

(一)规范取证

两大法系国家均注重取证程序的公正价值,实现惩罚犯罪和保障人权的双重目的,其一,要求坚持取证主体的合法化,否认非法定主体的取证效力,如纪律检查委员会、保安人员、行政人员等取证;其二,要求取证程序合法化、手段规范化;其三,取证后的证据保全形式合法化。

(二)注重物证的收集和移交

依据我国的证据法理论,物证(与英美法系证据法中实物证据不同)是指能够以存在形式、外部特征、内在属性证明案件真实情况的物品和痕迹。[1] 所谓物品是指以固态、液态、气态和场的形式存在的物质资料,物证的存在形式包括物品和痕迹

〔1〕 陈卫东、谢佑平:《证据法学》,复旦大学出版社2005年版,第163页。

所处位置、环境、状态、与其他证据的关系,物品的内在属性指物品的各种物理化学性质,物品的外部特征指物品的形状、大小、数量、颜色新旧程度等,痕迹是物品的物理化学特征的体现。与当事人陈述、证人证言等容易受到人的主观因素影响不同,物证具有很强的客观性和稳定性,物证能够客观地反映事实。物证本身是物品的客观存在,物证起到证明作用的机理以及与待证事实之间关系是客观的不受人的意志影响的,“物证本身不会说假话”。因此依法收集并移交的犯罪使用的工具、实施犯罪遗留的痕迹、犯罪对象物、犯罪形成的物品以及其他可供查明犯罪行为合乎犯罪人特征的物品和痕迹在移交他国后无疑具有坚实的证据能力和很强的证据价值。

(三)远程视频取证(hearing by video or audio conference)

我国国内有学者称之为跨国视频音频取证,是指在国际刑事司法协助中,经由当事国同意,一国的执法机关在本国境内通过电子传送和视视频系统,连接处于他国境内的相关人员,就具体案情或专门问题作证并接受质询的刑事调查取证方式。[1]这种取证方式有其独特的优越性和可行性。

第一,远程视频取证能够直观反映证人、鉴定人及其他人员作证的全过程,符合当事人主义诉讼模式中对证人询问、反询问的需要,保证人证的客观性和真实性,保证法庭调查的直接性和直观性,保证庭审效果,有利于法庭查明案件真相,有利于提高

---

〔1〕 参见张晓鸣、鲍艳:《跨国视频音频调查取证——司法协助问题初探》,载赵秉志主编:《国际刑法评论》第3集,中国人民公安大学出版社2010年版,第4页。

诉讼效率。2005 年 9 月,美国拉斯维加斯某法院在审理中国银行广东省开平支行前负责人许某凡和许某俊犯诈骗、洗钱、跨国运转盗窃钱款、伪造护照和签证罪的过程中,根据《中美司法协助协定》,我国 5 名证人在广州通过视频音频传输设备向美国拉斯维加斯的法庭提供了证言,并接受质证。视频作证持续 8 天。拉斯维加斯的法院最终采信我国国内证人所做的证词,并作为定案根据,分别判处中国银行广东省开平支行前负责人许某凡和许某俊入狱 25 年和 22 年,同案被判有罪的两人配偶余某怡和邝某芳也分别获刑。2006 年,根据《中华人民共和国和加拿大关于刑事司法协助的条约》,我国接受加拿大的请求,安排 2 名证人在广西向温哥华的联邦法庭作跨国远程视频作证。为我国有关机关进行远程视频作证积累了宝贵的经验。

第二,远程视频取证有利于维护证人、鉴定人等有关人员的合法权益,免除证人出境作证遭受外来的侵害和干扰,可以节约出国作证的费用,符合诉讼经济的要求。

第三,远程视频取证符合国际公约、双边条约和国内法的规定,是实行不同诉讼模式的国家均能够予以认可和接受的一种合法的取证方式。《联合国打击跨国有组织犯罪公约》《联合国反腐败公约》《罗马规约》等国际公约以及诸多国家间的双边条约如《中华人民共和国和西班牙王国关于刑事司法协助的条约》均有明确的规定,很多国家在国内法中也予以了确立。如 1996 年英国《刑事诉讼与侦查法》改变了以前证人必须亲自出庭的做法,规定证人可以通过电视网络或者录像提供证据。1998 年德国的《证人保护法》,明确规定可对不出席法庭程序的证人进行录像询问,免除证人亲自到庭的义务。加拿大于 2001

年新修订的《证据法》第 46 条第 2 款规定："为了保证更大的真实性，证人证言可以采用视频、录像等技术，将当事方或者证人作证情形展示给法庭，或者采用能够让外国法庭和当事人能够进行庭审和质证的其他技术。"我国最高人民法院《关于民事诉讼证据的若干规定》第 56 条规定，"经人民法院许可，证人可以提交书面证言或者视听资料或者通过双向视听传输技术手段作证"。可以预见，远程视频取证正在被越来越多的主权国家在刑事司法协助过程中广为应用。

第六节　赃款赃物的移交

第一，赃款赃物的双重属性。有观点认为，赃款赃物是犯罪分子违法所得的一切财物，赃款赃物即违法所得。对此笔者认为，犯罪分子违法犯罪"所得"来源的情形有多种，如非法占有的被害人的财物、利用被害人的财物衍生的财物等。前者实质上就是被害人的财物，属于被害人的"合法财产"，至于后者才可以称为赃款赃物，尽管也应当为被害人所有，却被犯罪分子采用违法犯罪手段所获取，它既不同于作案工具，也不是犯罪分子的个人合法财产，更不是违禁品。赃款赃物包含由犯罪行为所产生之物、以犯罪所得之物为代价换取之物。赃款赃物具有两个方面的主要特征，即"具有证据价值和经济价值双重属性"：其一，赃款赃物与犯罪案件真实情况的发生、发展有着客观内在的密切联系，因而对证明案件事实有证明力；其二，赃款赃物具有民法上物的特征，即人们能够支配的具有经济价值的物质实体。因此,诉讼移管国家间进行赃款赃物的移交既有助于查明案件事实,又有利于维护物主的财产权益。国际社会历来重视追缴、没收赃款赃物的合作事宜。

第二,临时措施。接受赃款赃物移交请求的一方在确认赃款赃物在其境内之后,应当采取法律允许的措施如冻结、扣押等,竭力促成移交赃款赃物,可以通过多种形式进行追缴赃款赃物的合作,如将赃款赃物作为刑事案件的证据,移交给请求方;通过返还被扣押物的方式,直接移交赃款赃物及返还被害人财物;还可以采取其他灵活多样的合作手段,如民事诉讼最终实现案件调查、追缴、移交赃款赃物的目标。

第三,第三人的权利维护。追缴、没收、移交赃款赃物时应当注意保护第三人的合法权利。应查明有关拟冻结、扣押或已经冻结、扣押财物的所有权者,允许其提出异议,可以考虑暂缓移交以及要求对方提供相应担保,还包括建立对被害人的国家补偿、国家救助制度。

CHAPTER 05 >>

第五章

我国区际刑事诉讼移管制度的构建

由于我国客观存在“一国两制三法系四法域”的现实状况，在跨境犯罪发生时，四法域间必然会发生刑事管辖权的冲突问题。而妥善解决区际刑事管辖权的冲突问题又是有效预防和惩处跨境犯罪的必要前提，因此，区际刑事管辖权冲突的解决问题成为学术界、实务界不可回避的热门问题。但是，综观内地(大陆)与香港特区、澳门特区、台湾地区四法域各自的刑事法律以及相互间的司法互助协议、互助协定，却并没有对区际刑事管辖权冲突的解决做出明确的规定，司法实践也多以个案协调处理为解决管辖权冲突的主要模式。尽管我国学术界已经对区际[主要是内地与香港、大陆与台湾]刑事管辖权冲突的原因、现状以及如何解决进行了一定的研究，[1] 例如，有学者提

〔1〕 赵秉志、黄晓亮：《中国区际刑法专题整理》，中国人民公安大学出版社2009年版，第22页。

出构建内地（大陆）与香港特区、台湾地区间移交犯人、诉讼转移的制度；黄风教授对内地与香港特区刑事诉讼移管的条件、程序等问题作过一些探讨，[1]学者张叔平对海峡两岸进行诉讼移管应当能够遵循的基本原则，[2]刘朝旺律师对区际刑事诉讼移管提出了一些构想，[3]但对本书论述的诉讼移管制度在解决管辖权冲突上的重要功能却没有引起学术界、实务界足够的重视，对四法域间如何进行规范的区际刑事诉讼转移活动，相关深入的系统的理论研究并不多见。从罕见的关于刑事诉讼转移研究成果看，主要是从国际刑法的角度探讨国际刑事诉讼转移（the International Transfer of Criminal Proceedings）的问题。加之四法域实行的社会制度、司法制度、法律传统等诸多因素的差异，目前，四法域的刑事司法合作还尚未步入规范的高效的轨道。这种研究状况很难适应当前四法域合作惩治和防范跨境犯罪的现实需要，不利于我国区际刑事司法协助机制的整体构建和快速发展。笔者认为，有必要吸收、借鉴国家间刑事诉讼移管制度的合理因素，借助其中能够为构建我国区际刑事诉讼移管所应用的合理内核，对我国区际刑事诉讼移管制度的构建进行全面、深入的探讨，以期促进我国区际刑事协助的实践向纵深推进，更好地维护全中国的国家利益。

---

〔1〕 黄风、彭胜娟：《从周正毅案管辖冲突看区际刑诉移管制度之构建》，载《法学》2007年第7期。

〔2〕 张淑平：《海峡两岸刑事诉讼移管制度之构建》，载《福州大学学报（哲学社会科学版）》2011年第3期。

〔3〕 刘朝旺：《论区际刑事诉讼转移》，载《铁道警官高等专科学校学报》2011年第1期。

第一节　我国区际刑事诉讼移管的概念和特征

我国政府已经分别于 1997 年 7 月 1 日和 1999 年 12 月 20 日和平恢复了对香港、澳门行使主权，台湾地区回归祖国也是海峡两岸人民的心愿。根据“一国两制”的基本方针，香港、澳门特别行政区实行资本主义制度，不实行社会主义制度，“享有行政管理权、立法权、独立的司法权和终审权”。〔1〕香港、澳门特区经全国人民代表大会授权取得独立的司法权和终审权是内地（大陆）与香港、澳门特区（包括将来的台湾地区）之间进行刑事司法合作的法律基础和重要前提，香港、澳门特区依据《宪法》《香港特别行政区基本法》《澳门特别行政区基本法》享有独立的刑事管辖权又是四法域间进行刑事司法合作的必要条件。

一、我国区际刑事诉讼移管的概念

我国学术界关于区际刑事诉讼移管的研究系从国际刑事诉讼移管的角度切入的，或者说探讨区际刑事诉讼移管（转移）的概念时没有严格区分国际刑事诉讼移管与区际刑事诉讼移管的界限，例如，有学者认为“刑事诉讼转移是指按照便于诉讼处罚

〔1〕　根据《宪法》的规定，香港、澳门特别行政区长期保持现行的资本主义制度不变，不实行社会主义制度。我国第七届全国人民代表大会第三次会议于 1990 年 4 月 4 日又公布了《香港特别行政区基本法》，第八届全国人民代表大会第一次会议于 1993 年 3 月 31 日公布了《澳门特别行政区基本法》。

原则，根据协定和互惠原则，某一法域将本该自己管辖的刑事案件交由犯罪人所在的法域进行管辖”。[1] 还有学者认为，“刑事诉讼转移是指一国或者数国根据另一国的请求或者根据有关的协议将由本国管辖的刑事案件移交给该另一国审理，并为此向该另一国提供必要的司法协助”。[2] 另有学者认为，“刑事案件管辖的移交指两个法域的司法机关同时对某一刑事案件或者刑事案件的被告人享有管辖权，且均在掌握有证据材料准备起诉或审判的情况下，通过协商将此案统交一个司法机关处理，其他司法机关将其掌握的案件材料移交给行使管辖权的司法机关，从而便利整个案件审理的情形”。[3]

第一种观点主张由犯罪分子所在的国家或者法域行使刑事管辖权；第二种和第三种观点均强调进行刑事诉讼移管与刑事司法协助之间的密切联系；第三种观点强调不同的国家或者法域已经启动了刑事诉讼程序。对此，笔者坚持认为，国家和法域是两个明显不同的概念。在论及一国刑法的空间效力时，一国刑法的空间效力主要及于本国的领域，出于维护国家主权、国家利益的需要，一国刑法还往往规定有限的域外效力，这是以国家间的司法合作为视角；若以一国为视角，由于很多国家内部存在实行不同的社会制度、司法制度的地区或州，如英、美联邦制国家、我国等，因此在一大国之内还存在相对独立的适用不同法律

---

〔1〕 贾宇：《论内地与港澳地区开展区际刑事司法协助的途径和内容》，载黄进、黄风：《区际司法协助研究》，中国政法大学出版社 1993 年版，第 195 ~ 201 页。

〔2〕 黄风：《国际刑事司法合作的规则与实践》，北京大学出版社 2008 年版，第 182 ~ 189 页。

〔3〕 赵秉志：《关于祖国大陆与香港建立刑事司法互助关系的研讨》，载《现代法学》2000 年第 3 期。

的法域，可见，法域是一国之内相对独立的领域，笔者认为，在研究区际刑事诉讼移管时必须明确国家和法域两者之间的区别。在一国的立场上论及刑法的空间效力使用“法域”的概念，而在国际的立场上则使用“国家”的概念，以此区分国际刑事诉讼移管与区际刑事诉讼移管的本质区别。上述第一种观点主张由犯罪分子所在的国家或者法域行使刑事管辖权自然有利于刑事诉讼的顺利进行，但是，刑事案件的情形复杂多样，如果犯罪分子实施犯罪的主要证据、危害后果、犯罪行为地（预备行为、实行行为）不在犯罪分子的所在国或法域，则不可以强调一律由犯罪分子所在的国家或者法域行使刑事管辖权，应当灵活地考虑合适的法域行使刑事管辖权；第二种和第三种观点强调刑事诉讼移管与刑事司法协助的密切配合，这符合客观事实，但是，第三种观点强调已经启动了刑事诉讼程序，则未必尽然。如果一方已经启动对某个刑事案件的诉讼程序，而对方却没有启动，但事实上收到了诉讼移管的请求，笔者认为仍然有必要进行刑事诉讼转移的刑事司法合作活动，从逻辑推理的角度分析，诉讼转移双方或多方会存在一方（或多方）已经启动刑事诉讼程序，而另一方（或多方）却没有启动刑事诉讼程序的情形，诉讼转移双方或多方均已经启动或均没有启动刑事诉讼程序也是一种常态，而一方启动，另一方没有启动也是可能存在的。对此，笔者赞同这样的观点：倘若没有启动刑事诉讼程序的一方同意将相关案件的证据材料、犯罪嫌疑人移交给实际管辖的另一方，也可以通过诉讼移管实现对犯罪分子追究刑事责任。

综上，关于我国区际刑事诉讼移管的概念，笔者认为：其一，要突出“一个中国”的特质，尽管由于四个法域各自有自己独立的刑事立法体系和刑事司法体系，四法域之间同样存在刑事管辖权和刑事诉讼管辖权的划分与冲突问题，需要进行司法合作的问题，但是不需要考虑主权因素，不具有涉外意义。其二，区际刑事诉讼移管的内涵和核心仍然是“刑事管辖权的转移问题”，诉讼移管的结果还是一方放弃了刑事管辖权或另一方取得了刑事管辖权。其三，尽管有学者认为刑事诉讼转移是刑事司法协助的一种具体形式，[1]还有学者认为刑事诉讼转移是刑事司法合作的独立形式，[2]但笔者认为这是对同一个问题的两种剖析视角，两者并没有本质的区别，对此吴瑞博士做过较为深入的论述，笔者赞同吴瑞博士的观点：在一定意义上，“刑事司法协助”可以与“刑事司法合作”互用。其四，我国区际刑事诉讼移管的概念必然包括相互承认和执行对方做出的刑事判决的内涵，无论是主动将刑事诉讼转移给他方的，还是被动地根据他方的请求进行刑事诉讼转移的均是如此，不允许也不应当存在例外。据此，笔者认为，我国区际刑事诉讼移管是指我国的内地（大陆）、香港特区、澳门特区、台湾地区四个法域之间，某一个或多个法域将跨境犯罪案件移交给某一个法域行使刑事管辖权的刑事司法协助方式。

二、我国区际刑事诉讼移管的特征

依据前文的论述，区际刑事诉讼移管与国际刑事诉讼移管

---

〔1〕 赵秉志：《关于祖国大陆与香港建立刑事司法互助关系的研讨》，载《现代法学》2000 年第 3 期。

〔2〕 黄风：《国际刑事司法合作的规则与实践》，北京大学出版社 2008 年版，第 182～189 页。

的内容有相近之处，但是两者却又是截然不同的两个概念。我国区际刑事诉讼移管具有自己的区别于国际刑事诉讼移管的如下特征：

第一，我国区际刑事诉讼移管的主体是内地（大陆）、香港特区、澳门特区、台湾地区四大法域。[1] 在国际社会，香港特区、澳门特区、台湾地区不是国际法主体，对外只能以同一主权国家“中国”的名义出现，香港特区、澳门特区、台湾地区实属于中国之内的三个法域。

第二，我国区际刑事诉讼移管适用我国统一的法律体系。香港、澳门特区基本法以及附属的法律[2]均属于“一个中国”法律体系的组成部分，其中确立的刑事实体法、刑事程序法规

---

〔1〕 根据《香港特别行政区基本法》第 12 条和《澳门特别行政区基本法》第 12 条的规定，香港、澳门是中华人民共和国的一个享有高度自治权的地方行政区域，直辖于中央人民政府。

〔2〕 根据我国《宪法》和《香港特别行政区基本法》的规定，香港特别行政区的法律，包括三部分。第一部分是全国人民代表大会及其常委会制定的全国性的法律，包括《宪法》、《香港特别行政区基本法》以及《香港特别行政区基本法》附件三所列的法律。第二部分包括香港原有的法律，包括普通法、衡平法、条例、附属立法和习惯法。根据《香港特别行政区基本法》第 8 条的规定，这部分法律不得与《香港特别行政区基本法》相抵触，否则将会无效。这部分法律尽管不是内地制定的，但却是经过最高权力机关审查以后认可的。第三部分是香港特别行政区立法机关制定的法律。根据《香港特别行政区基本法》第 11 条、第 17 条的规定，香港特别行政区立法机关制定的任何法律，均不得与《香港特别行政区基本法》相抵触。而香港特别行政区立法机关制定的法律，须报全国人民代表大会常务委员会备案，全国人民代表大会常务委员会在征询其所属的香港特别行政区基本法委员会后，如认为香港特别行政区立法机关制定的任何法律不符合《香港特别行政区基本法》关于中央管理的事务及中央和香港特别行政区的关系的条款，可将法律发回。经全国人民代表大会常务委员会发回的法律立即失效。根据我国《宪法》和《澳门特别行政区基本法》第 18 条的规定，澳门特别行政区的法律与香港一样，也由三部分组成，包括全国人民代表大会及其常委会制定的法律，经过认可的澳门原有的法律和澳门特别行政区立法机关制定的法律。

范,以及相互间签订的合作协议均是内地(大陆)、香港特区、澳门特区、台湾地区四法域进行刑事诉讼移管的法律依据。

第三,内地法域对涉及国防、外交等国家行为的案件拥有专属管辖权。香港、澳门特别行政区的司法机关无权管辖涉及国防、外交的刑事案件,[1]涉及国防、外交等国家行为的案件一般不纳入诉讼移管的范畴。我国香港特区、澳门特区、台湾地区对国家须承担一定的管辖义务。[2]

第二节 我国区际刑事诉讼移管的性质

一、国内刑事诉讼移管

从刑事诉讼移管的主体属性看,刑事诉讼移管应当包括国家间刑事诉讼移管和国内刑事诉讼移管两类。前者又可称为国际刑事诉讼移管,后者可成为区际刑事诉讼移管;国际刑事诉讼移管发生在不同的主权国家之间,国际社会为了共同有效惩治国际犯罪、跨国犯罪,在国家之间转移案件的刑事管辖权。而国内刑事诉讼移管则发生在同一国家内部不同法域的司法机关之

---

〔1〕 根据《香港特别行政区基本法》第19条和《澳门特别行政区基本法》第19条的规定。

〔2〕 香港、澳门特别行政区依据《香港特别行政区基本法》第23条和《澳门特别行政区基本法》第23条的规定,应自行立法禁止任何叛国、分裂国家、煽动叛乱、颠覆中央人民政府及窃取国家机密的行为,禁止外国的政治性团体在特别行政区进行政治活动,禁止特别行政区的政治性组织或团体与外国的政治性组织或团体建立联系。

间。又与一国内部同一法域内部的司法机关之间转移案件的管辖权转移以及“内地法域之内的司法机关之间的刑事诉讼移管不同”。[1] 我国区际刑事诉讼移管属于我国四法域之间进行的诉讼移管,某一刑事案件在四法域间进行移管,确定了行使管辖权的法域之后,仍然存在该法域内部不同地区、不同级别的司法机关进行再次移管的可能性和必然性。换言之,我国区际刑事诉讼移管属于我国国内刑事诉讼移管,但不是同一法域内部不同地区、级别司法机关之间的管辖权转移。这是从诉讼移管的主体属性上界定的性质。但核心问题仍然是四法域间刑事管辖权的让渡。我国四法域间的刑事诉讼移管虽然不同于国家间刑事诉讼移管,但却属于与国家间刑事诉讼移管相近似的一种区际司法协助活动。国家间诉讼移管关于诉讼移管的法定条件、移管程序、法律效力等规定具有借鉴的价值。

二、不同法系的法域之间的刑事诉讼移管

从刑事诉讼移管的主体所属的法系看,我国区际刑事诉讼移管属于三大法系的法域之间的刑事诉讼移管。综观世界上国家间刑事诉讼移管的情况,如欧盟,刑事诉讼移管大多是在相同法系的国家间进行,相同法系的国家往往具有近似的法律文化传统、司法制度,容易达成共识,形成信任。而我国内地(大陆)

---

[1] 如根据1997年《刑事诉讼法》第24条的规定:“刑事案件由犯罪地的人民法院管辖。如果由被告人居住地的人民法院审判更为适宜的,可以由被告人居住地的人民法院管辖。”第26条规定:“上级人民法院可以指定下级人民法院审判管辖不明的案件。也可以指定下级人民法院将案件移送其他人民法院审判。”

的法律属于社会主义法系,历史上受大陆法系影响较大,法律形式上为成文法。而香港特区法律则属于英美法系,形式上为判例法。澳门特区法律虽然属于大陆法系,但与内地的法律迥然有别。我国台湾地区“法律”与香港特区、澳门特区以及内地(大陆)法律的差异更是显而易见。由于四法域分属不同的法系,就刑事规范而言,不仅实体法规范不同,而且程序法规范更难统一,四法域间很难形成相同的甚至相近的刑事规范。因此,我国区际刑事诉讼移管与不同法系的国家间刑事诉讼移管相比较而言,沟通、协调的难度将难分大小。

三、拥有独立终审权的法域之间的刑事诉讼移管

从刑事诉讼移管的主体享有的“权力类型”看,我国区际刑事诉讼移管属于拥有独立的终审权的法域之间的刑事诉讼移管。在当今世界上,有很多多法域的国家,各法域尽管拥有独立的立法权、独立的司法权,但并不拥有独立的终审权。而我国,香港特区、澳门特区法域享有立法权、独立的司法权和终审权,在四法域之上不存在凌驾于四法域的统一的最高审级的终审法院,这是由我国特殊的国情决定的。

第三节 我国区际刑事诉讼移管的基本原则

关于我国区际刑事诉讼移管应遵循哪些基本原则,学术界有不同的观点,赵秉志教授认为应当包括两个层次的基本原则,

即政治原则与法律原则，并指出政治原则是《宪法》以及《香港特别行政区基本法》确定的“一个国家、两种制度”原则；他提出在确定法律原则时应当充分考虑跨境犯罪的类型和刑事诉讼转移管辖的实际要求，应当遵循双重犯罪原则、有限的犯罪地管辖原则和一事不二审原则。[1] 黄风教授则认为，区际刑事诉讼移管与国际刑事诉讼移管虽然性质不同，但是内容相近。在开展区际刑事诉讼移管活动中应当适当参照国际惯例。一方面，“两岸四地”为一个主权国家，对不适合于我国区际法制实际情况的规则（如政治犯罪或军事犯罪例外）等，不宜简单套用；而另一方面，国际司法合作中的双重犯罪原则、一事不再理原则、公共秩序保留以及人道主义原则和要求，四地均能同时接受，则应当予以借鉴。[2] 对此，笔者认为，确立指导我国区际刑事诉讼移管的基本原则应当综合考虑设立该制度的目的，结合跨境犯罪的复杂性、刑事诉讼转移的实际要求等因素来决定。我国设立区际诉讼移管制度的目的在于维护国家主权、有效预防和惩处跨境犯罪。为有效维护国家主权，在时下复杂的国际环境中，针对敌对势力试图攻击并破坏我国内部团结而提出的政治意识问题，如所谓的政治犯罪、军事犯罪问题，我们应当保持清醒的认识，不能简单接受虽然为国际社会接受的政治犯罪或军事犯罪例外原则，换言之，在我国区际刑事诉讼移管中，对国际社会中所谓的政治犯罪、军事犯罪仍然属于可以移管的案件范

---

〔1〕 赵秉志、黄晓亮：《论内地与香港特区间刑事诉讼转移制度的构建》，载《现代法学》2010 年第 3 期。

〔2〕 黄风、彭胜娟：《从周正毅案管辖冲突看区际刑诉移管制度之构建》，载《法学》2007 年第 7 期。

围;同时,便利惩治和预防跨境犯罪是实现区际刑事司法协助的公正正义宗旨的必然要求;由于当前跨境犯罪分子非常诡秘,情况复杂,从促进四法域都能够达成、接受诉讼移管协议并愿意提供司法合作的层面看,双重犯罪原则和一事不二审原则不可或缺。因此,笔者认为,指导我国区际刑事诉讼移管的基本原则应当包括双重犯罪原则、一事不二审原则、便利惩治和预防犯罪原则和排除政治犯罪、军事犯罪原则。

一、双重犯罪原则

在国际刑法中,最先探讨双重犯罪原则应当说是从引渡犯罪人开始的,双重犯罪(double criminality)原则又可称为双重归罪原则、或双罚性原则,通常是指当依据请求国与被请求国的法律,被请求引渡者的行为均构成犯罪时才能予以引渡。但在一般意义上,"双重犯罪原则是指同一种违法行为在合作双方法律适用中均构成犯罪而产生的一个原则"。[1] 双重犯罪原则被认为最能体现罪刑法定精神,只有双方都认为正在办理的案件属于刑事犯罪范畴,被指控的行为是犯罪行为,才能保证双方顺利地进行合作。反之,只要任何一方认为被指控人的行为不符合本国刑事法律认定的犯罪行为,那么该国就一般不会以违反本国法律的代价进行司法合作。这是尊重当事国司法主权理念的基本要求。双重犯罪原则的意义还体现在以法定的刑事程序来保障被指控人的人权方面,适用双重犯罪原则的过程也是保

---

〔1〕 林欣:《国际刑法问题研究》,中国人民大学出版社2000年版,第268页。

障被指控人人权价值实现的过程。

对被指控人的行为性质的确认是实行双重犯罪原则的关键。只有刑事司法协助的双方、多方一致认为所需办理的事项均符合本国的法律规定,才能顺利进行司法协助。如果一方认为被指控人的行为不符合本国刑事法律的规定,则有权予以拒绝。如我国《引渡法》第1条规定:“引渡请求所指的行为,依照中华人民共和国法律和请求国法律均构成犯罪。”

在我国四法域间进行诉讼移管时是否适用双重犯罪原则?从已面世的论著中看,我国学术界多数学者持肯定态度,如赵秉志教授、黄风教授、张淑平副教授等,对此,笔者赞同上述学者的观点。跨境犯罪的复杂性需要实行双重犯罪原则。根据犯罪行为的特征,跨境犯罪可以分为两类,一类称为实质的跨境犯罪,即犯罪主体和客观方面均带有跨境因素;另一类称为形式的跨境犯罪,即犯罪发生时,犯罪主体、犯罪行为和犯罪结果均无跨境因素,仅仅是犯罪分子在某一法域犯罪后,为逃避法律制裁而进入另一法域。[1] 对形式的跨境犯罪,刑事管辖权是明确的,某一法域的司法机关绝对地、完全地排除其他法域行使刑事管辖权,这种情况可称之为专属刑事管辖权。[2] 由于我国四法域均具有独立的司法管辖权,任何一个法域不论是主动还是被动地与其他法域进行司法合作必须尊重他法域的法律、公共利益,对于提出诉讼移管请求的法域而言,跨境犯罪行为人实施的危害行为是否构成犯罪,由提出请求的法域依据本法域的法律进

〔1〕 杨方泉:《论内地与港澳台跨境犯罪二分法及其意义》,载《政法学刊》1997年第4期。

〔2〕 马进保:《跨境犯罪研究》,群众出版社2002年版,第467页。

行判断,并决定是否提出诉讼移管的请求。对于被请求的法域而言,由于接受诉讼移管将对被请求人导致最为不利的强制性,一旦被请求法域决定接受请求将立即采取必要的强制措施,限制甚至剥夺被请求人的人身自由,以防止其逃跑,且不顾及被请求人的意愿,因此,各法域必须遵循罪刑法定原则,被请求的法域不仅需要考虑请求方的法律规定而且还要依据本法域自身的法律对被请求人的行为进行判断。这由跨境犯罪的犯罪主体、犯罪行为、犯罪结果等方面均带有跨境因素决定的。因此,笔者认为,只有在双重犯罪原则指导下的区际诉讼移管才能充分体现被请求方法域与请求方法域的默契合作,相互的支持与帮助,蕴含着双方对被指控行为的一致评价,同时体现了双方彼此间的尊重和对司法权力的维护。可以预言,在将来开展区际刑事诉讼移管的司法实践中,“双重犯罪原则是一种必然的要求,不会存在被限制和可以变通的情况”。[1]

二、一事不二审原则

一事不二审原则起源于古罗马法,要旨是“对同一案件不得提起两次诉讼”。任何案件一经宣判即产生既判力,对被告人不能因同一罪行而再次被起诉,换言之,“同一案件曾经有实体上的确定判决,其犯罪的起诉权就业已消失,不得再为诉讼之客体”。大陆法系国家将其视为基本的刑事诉讼原则,与英美

---

〔1〕 苏彩霞:《我国区际刑事司法协助适用“双重犯罪原则”新论》,载《政治与法律》2009 年第 6 期。

法国家“禁止双重危险原则”的精神极其相近。一事不二审原则与“禁止双重危险原则”均强调司法裁判活动一经结束，就不可以重新使已经裁判的案件重新处于待定状态。这是两者的共同之处。

我国区际刑事诉讼移管系内地（大陆）、香港特区、澳门特区、台湾地区四法域在一个中国内部开展的区际刑事司法互助活动，不涉及国家主权之争，共同拥有一个国家主权，任何一个法域的司法机关对案件行使管辖权，即表明国家的刑事管辖权已得到实现，这是国家统一实现刑事管辖权的体现。如果一法域的司法机关针对同一行为的同一被告人再次行使审判权、刑罚权，实际上就是重复行使国家的审判权和刑罚权，即一罪二罚，因此，四法域坚持一事不二审原则就是在维护国家统一的刑事管辖权，也是在相互承认四法域刑事判决的法律效力，有利于维护四法域刑事判决的终极性。倘若使犯罪分子因同一跨境犯罪行为而受到多法域的二次审判和刑罚执行，则违背了人道主义原则，侵犯了犯罪分子的合法权益，违背现代刑事法治的基本精神和价值观念；重复的审判与刑罚执行不仅会造成司法资源的浪费，且不利于各法域自身刑事法治的发展与进步。因此，“一事不二审原则是确保我国区际刑事诉讼移管有效开展并取得公正之司法效果的基本要求”。〔1〕

综观香港特区、澳门特区、台湾地区的立法以及与内地（大陆）签署的互助协议，一事不二审原则已经有所体现，并为实践

〔1〕 黄风、彭胜娟：《从周正毅案管辖冲突看区际刑诉移管制度之构建》，载《法学》2007 年第 7 期。

所采用。香港法律和法院对此解释为:如果犯罪嫌疑人已经在内地法域受到了有管辖权法院的审判,则该犯罪嫌疑人将不会再次受到香港法院的审理。同时,如果出现某一诉讼同时在香港法院或内地法院受审的情况,香港法院将自由裁量是否终止自己的诉讼程序或颁发禁令,禁止一方当事人继续参加另外的诉讼程序。澳门特区的规范对此也均作出了明确的规定。[1]需要特别提出的是,1994 年 8 月 7 日,海峡两岸"海协会"与"海基会"就遣返劫机犯的商谈中,已明确使用了一事不二审原则,并得到学术界的认同,如台湾学者蔡墩铭认为,已被判决确定之刑事案件,不得再度成为刑事诉讼客体,海峡两岸在刑事司法协助中不仅应在刑事实务上,也应在立法上承认一事不再理之原则。

另外,从我国《引渡法》以及签订、加入的国际条约来看,我国已经在司法实务中遵循一事不二审原则,已经在事实上承认和执行外国做出的刑事判决。[2] 事实已经证明,一事不二审原则已经为我国四法域的立法所承认,这将为我国四法域间进行刑事诉讼移管合作奠定一定的法律基础。

---

〔1〕 我国澳门特区《刑法》第 6 条规定:"澳门刑法适用于澳门外作出之事实,以行为人在其作出事实之地未受审判,或行为人逃避履行全部或部分所判之刑为限。"

〔2〕 比如我国《引渡法》第 8 条规定:"外国向中华人民共和国提出的引渡请求,有下列情形之一的,应当拒绝引渡:……(二)在收到引渡请求时,中华人民共和国的司法机关对于引渡请求所指的犯罪已经作出生效判决,或者已经终止刑事诉讼程序的。"2005 年 11 月我国与西班牙缔结的《移管被判刑人条约》第 10 条规定:对于被移管的被判刑人,执行国将根据本国法律继续执行判刑国判处的刑罚,并且不再对判刑国据以判刑的同一罪行重新进行审判。1966 年,我国加入了《公民权利和政治权利国际公约》,该公约第 14 条第 7 款规定,"任何人已依一国法律及刑事程序被最后定罪或宣告无罪者,不得就同一罪名再予审判或者惩罚"。

三、便利预防和惩处犯罪原则

有效预防和惩治跨境犯罪是我国四法域进行区际刑事诉讼移管的目的所在。我国区际刑事诉讼移管应当充分考虑实现刑事司法正义的宗旨,这要求诉讼移管各法域在合作中应以此为出发点和最终目标,围绕有利于有效预防和惩治跨境犯罪展开司法互助。在国际刑事司法协助领域,被称为有利于适当的司法处遇原则。著名国际刑法学家巴西奥尼教授在《国际刑法典草案》中曾做出具有代表性的总结,他认为"有利于适当的司法处遇原则"主要包括以下几个方面:被请求国正在对犯罪嫌疑人就同一犯罪或者其他犯罪进行诉讼的;犯罪嫌疑人在被请求国受到或即将受到有关剥夺自由的判决;在被请求国执行刑罚可能有利于被判刑人重返社会;刑事诉讼移管有利于查清案件事实,特别是当各项最重要的证据在被请求国时;即使求助于引渡也不能使判决得到执行,而被请求国有可能执行该判决;在请求国审理不能保证被告人在诉讼中到庭,而在被请求国审理能保证被告人到庭。在我国区际刑事诉讼移管中强调这一原则更具有现实意义。它要求在刑事案件诉讼移管中,对各法域均拥有管辖权的刑事案件移交给哪一方,或者说哪一方行使刑事管辖权更便利当事人诉讼,应当充分考虑犯罪的危害、证据的提取、被害人的保护以及罪犯服刑后回归社会,还应考虑诉讼经济、有效惩治和预防跨境犯罪的需要等因素,不宜简单地认为犯罪分子所在地法域或者抓获犯罪分子地法域管辖。[1]

四、排除政治犯罪、军事犯罪例外原则

按照1957年《欧洲引渡公约》的规定，"凡请求引渡的犯罪为被请求国视为政治犯罪或与政治有联系的犯罪者，不应予以引渡"，此即"政治犯不引渡原则"。至于何为政治犯、政治犯罪，国际刑法学界、国内学界以及国际刑事司法审判实践均没有做出统一的诠释，已有的各种解释和分析多与一个国家的政治立场、社会制度等密切相关。在当今的形势下，笔者认为，所谓政治犯罪实质是指破坏国家主权统一、领土完整与国家安全方面的危害行为。

我国四法域的刑事法律均没有专门规定"政治犯罪"的具体条款，但是，政治犯罪这个概念不仅在过去一段时期而且在将来均是不可回避的。我国《刑法》将危害国家主权统一、煽动分裂国家、煽动颠覆人民民主专政政权的等行为均规定为危害国家安全的犯罪，而我国香港特区和澳门特区（包括台湾地区）在回归之初均未在各自的刑事法律中将上述行为规定为犯罪。如香港特区依普通法，一般不将发表颠覆、推翻中央政府言论的行为定为犯罪，从而使得在危害国家安全的行为以及定罪量刑方面，法域间出现较大的分歧。为此，香港特区、澳门特区基本法明确规定，"香港、澳门应自行立法，禁止任何背叛、分裂国家、

---

〔1〕 黄风、彭胜娟：《从周正毅案管辖冲突看区际刑诉移管制度之构建》，载《法学》2007年第7期。

煽动叛乱、颠覆中央人民政府及窃取国家机密的行为”。这是香港特区、澳门特区法域对国家应承担的维护祖国的安全、独立和统一的法律义务。在维护国家主权统一、领土完整与安全上，四法域有着完全一致的意志和根本相同的利益，任何危及政权和政治秩序的行为，无论发生在哪一个法域均是对国家安全的危害，均应受到严惩，这是“一国”原则的应有之义。香港特区已实施《香港特别行政区维护国家安全法》对分裂国家罪、颠覆国家政权罪等作出了明确规定。在我国香港、澳门特区乃至台湾地区进行危害国家安全的犯罪立法之后，对一切危害国家安全的行为，无论发生在哪个法域，内地法院、香港法院、澳门法院均有权进行管辖，不允许危害我国政权、国家利益的犯罪分子借政治犯罪之名逃避司法惩处，四法域更不得以政治犯罪理由阻碍区际刑事诉讼移管。杜绝居心叵测之徒企图在实施分裂国家、煽动叛乱、颠覆中央人民政府，破坏社会主义制度等阴谋活动之后，逃往港澳台地区，却以“受政治迫害”为由逃避法律制裁的现象。

军事犯罪是指违反了一个国家特定军事义务的行为，侵害了一国的军事利益、国防利益。军事犯罪涉及军事秘密、国家的政治关系，有些国家的刑事司法互助协议、引渡条约专门规定了军事犯罪不予协助的条款。笔者认为，在我国区际刑事司法互助中应当摒弃这一原则，因为在一个主权国家，军人的职责关系到主权国家的统一、领土完整与安全，因此，世界上大多数国家的法律均规定由军事司法机关管辖军人犯罪的刑事案件。我国《刑法》规定了危害国防利益罪和军人违反职责罪，如果军人在内地犯罪涉及侵犯到国家、国防利益或军事利益，应由内地军事法院专门管辖。而香港特区、澳门特区基本法明确规定：香港和澳门特别行政区法院对其防务由中央人民政府派驻的军队负责。[1] 香港、澳门法域对驻军人员在执行公务时实施的犯罪没有管辖权，也就不存在内地与香港特区、澳门特区之间诉讼移管的问题，更不存在拒绝移管的理由。当然，如果驻军人员在非执行公务时实施的普通的刑事犯罪仍可以由香港特区、澳门特区法院管辖，香港特区、澳门特区法域向我国内地法域移管军事犯是内地与香港特区、澳门特区共同维护国家主权统一的体现。换言之，排除适用军事犯罪例外原则。

第四节　我国区际刑事诉讼移管的规则

尽管我国四法域间进行刑事诉讼移管不涉及国家主权问题，从法理和情理看，在四法域间进行诉讼移管应当比在国家间进行刑事诉讼移管更为简便易行。但是，笔者认为，即便如此，诉讼移管各方法域还仍然应当遵循一定的适用条件、移管程序，并对相关诉讼行为的法律效力事先予以明确，一则防止可能发生的分歧，二则方便移管进程有章可循。

---

〔1〕“香港驻军人员犯罪的案件由军事司法机关管辖，但是，香港驻军人员非执行职务的行为，侵犯香港、香港驻军以外的其他人的人身权、财产权以及其他违反香港特别行政区法律构成犯罪的案件，由香港特别行政区法院以及有关的执法机关管辖。”

一、移管的条件

关于移管的适用条件，笔者认为，可以借鉴联合国的《刑事诉讼转移示范条约》，以及欧洲有关的法律文件，同时，结合我国四法域间发生的跨区域案件的特点，双方或多方法域共同协商设定我国开展区际刑事诉讼移管应当具备的适用条件。设定的条件也不是固定不变的，可以根据跨境犯罪的演变，区际刑事司法互助进展的需要，在具体司法实践中不断修正与完善。

笔者认为，积极倡导开展区际刑事诉讼移管的条件有以下几种：

1. 主要犯罪事实、犯罪证据或者关键证人处在被请求方法域内，实行案件移管将有利于查清案件事实和获取相关的犯罪证据的。

2. 在一方法域进行审判与执行刑罚，将会明显收到较好的预防犯罪的效果，有利于被判刑人教育、改造和重返社会的。

3. 一方法域认为，犯罪嫌疑人或被告人在本法域出庭受审阻碍大，却能够确保在对方法域接受审判的。

一方法域可以拒绝移管请求的条件有以下几种：

1. 因犯罪嫌疑人或被告人正在接受，或者即将接受对方法域刑事诉讼或刑事处罚，不便进行案件移交的。

2. 从诉讼经济角度看，启动案件移管程序明显不适当地浪费司法资源的。

3. 即便进行移管案件，包括没收财产、罚金等在内的刑事处罚也未必能够得到执行的。

以上是列举的选择性的条件，提请诉讼移管的条件可以是相对比较宽松的，四法域间进行诉讼移管有利于实现惩处跨境犯罪的诉讼目的，只要具备其中的一项或者数项，四法域间即可考虑提请刑事诉讼移管。只有在进行诉讼移管明显不适当的情形下，被请求方法域才可以拒绝移管请求。

二、移管的程序

国家间刑事诉讼移管与我国区际刑事诉讼移管的程序性内容基本相同，可以相互借鉴、吸收、应用，为此，我国区际刑事诉讼移管的程序也包括移管的提出程序、审查程序、办理程序和结果通报程序。请求方法域在提出移管请求时也应当制作移管请求书，通过正当的途径进行转递。请求书的内容应当包括案件的主要事实、被追诉人的自然情况以及相关的证据材料等。与国家间刑事诉讼移管不同的是，四法域间在审查、办理过程中可以适时进行正式的和非正式的交流和协商，只要在不触及国家主权的前提下，协商一致是四法域所应当追求的最高目标。

三、移管的效力

刑事诉讼移管程序一旦启动，就必然对请求方法域和被请求方法域以及对诸多刑事事务产生法律效力。如在管辖权的归属、追诉时效的变更、证据移交等，为方便诉讼移管的顺利进行，有必要事先予以明确地规定。以下列举几项主要的法律约束力。

（一）对请求方法域的效力

请求方自提出刑事诉讼移管请求时起，在被请求方作出明确答复之前，除非出现紧急情形，应当暂停对案件的侦查、起诉、审判或执行。

在被请求方接受移管请求之后，请求方的主管机关应当终止对犯罪嫌疑人或被告人的任何刑事追诉活动。被请求方请求提供司法协助的，可以继续收集有关证据材料。

在被请求方对相关案件作出终局判决后，请求方一般不得再对同一人的同一行为进行追诉、审判或者执行刑罚。换言之，应当遵守一事不二审原则。

（二）对被请求方法域的约束效力

被请求方在决定接受移管请求之后，有权依照本法域的法律进行侦查、起诉、审判和执行活动。同时，应当承认对方法域已经依法完成的诉讼行为的法律效力。

接受移管方对有关犯罪分子所判处的刑罚一般不可以超过请求方法律对同一犯罪行为确定的刑罚限度。

相关案件的诉讼时效发生变更。

接受移管方应当及时通报诉讼结果。

以上是构建我国区际刑事诉讼移管制度的概要轮廓，初步设想，其可行性需要司法实践的检验，在司法实践中不断加以修正和完善。但是，这绝不影响我们对它的信心。

2009 年 4 月 26 日，海峡两岸关系协会（海协会）和台湾海峡交流基金会（海基会）在南京签订了《海峡两岸共同打击犯罪及司法互助协议》(以下简称《南京协议》),海峡两岸在《南京协议》第 11 条约定,“双方同意基于人道、互惠原则,在请求方、受请求方及被判刑人均同意移交之情形下,移管被判刑人”。该协议虽然仅仅针对被判刑人移管而非刑事诉讼移管,但被判刑人移管的前提是对另一方生效刑事判决的承认与执行,因此《南京协议》虽然没有直接规定相互承认和执行我国大陆和台湾地区刑事判决的效力,却已经体现了对另一方刑事管辖权的默认和执行,否则,被判刑人移管合作则无从谈起。这些说明,虽然大陆与台湾地区之间尚未真正开展刑事诉讼移管的合作,《南京协议》没有约定刑事诉讼移管的事项,刑事诉讼移管在两岸司法互助领域已经具备一定的法律基础。另外,从近期大陆与台湾地区(涉及菲律宾、马来西亚等)合作打击电信诈骗案、偷渡案、劫机案等看,大陆(内地)与台湾地区、香港特区、澳门特区已经在实际地运作具体的刑事案件,我国区际四法域间实施刑事诉讼移管早已具备一定的现实基础。换言之,我国区际四法域间建立刑事诉讼移管制度不仅是必要的而且是可行的。

结　论

本书的命题为国家间刑事诉讼移管，是一种重要的国际刑事司法协助形式，其本身具有特定的价值基础，其缘起、发展具有客观现实基础，在当今世界各国共同追求人类社会共同利益、趋向国际刑事法治的环境中，其预防和惩处国际犯罪、跨国犯罪的功能正在日益显现。我国在构建区际刑事诉讼移管制度时，可以吸收、借鉴其合理因素，促进我国区际刑事诉讼移管制度的完善和发展。

但是，国家间刑事诉讼移管的适用仍然存在诸多障碍。如对国家主权的固守，国家间由于实力的悬殊仍然存在严重的不平等，导致在“国际体系层面上，主权是抽象的、平等的，这种法理上、形式上的平等却被实质上的不平等冲击”。[1] 正如非洲统一组织主席、阿尔及利

---

〔1〕 刘凯、陈志：《全球化时代制约国家主权让渡的困难和问题分析》，载《湖北社会科学》2007 年第 7 期。

亚总统阿卜杜勒－阿齐兹布伦弗利卡所言“主权是我们抵御不平等世界规则的最后屏障”。[1] 再如，国家间刑事司法制度的差异和彼此不信任，“双重犯罪”、“一事不再理”问题，跨国秘密拘捕等非法替代性措施的滥用，严重阻碍刑事诉讼移转管辖的适用。

国家间刑事诉讼移管从研究内容上看具有国际性、跨国性，但针对的国际犯罪、跨国犯罪案件、保护的合法权益、维护的国家利益、涉及的当事人、证人等却与世人紧密相连，需要全世界人民共同参与，“因为法治不仅是国家(政府)所关心、所努力从事的事业，而且也是全民大众所关心并努力投身其中并为之奋斗的事业，而且同时也是包括自已在内的全体公众应当主动地自觉献身的事业”。因此，刑事诉讼移管虽然不是新课题，但是需要强力灌输与广泛普及，以此唤起国家领导层、国民以及全世界民众对国际犯罪、跨国犯罪的恶行和国际共同利益的更多关注，推动国际刑事实体法和程序法理论和实践的稳步发展。[2]

---

〔1〕 刘德喜、钱镇：《WTO与国家主权》，人民出版社2003年版，第46页。

〔2〕 张旭：《国际刑法——现状与展望》，清华大学出版社2005年版，第43页。

参考文献

[1]赵永琛:《国际刑法与司法协助》,法律出版社1994年版。

[2]赵永琛编:《国际刑法约章选编》,中国人民公安大学出版社1999年版。

[3]蔡拓:《全球问题与当代国际关系》,天津人民出版社2002年版。

[4]曹全来:《国际化与本土化——中国近代法律体系的形成》,北京大学出版社2005年版。

[5]陈瑞华:《刑事审判原理论》,北京大学出版社1997年版。

[6]陈卫东、谢佑平:《证据法学》,复旦大学出版社2005年版。

[7]陈兴良:《刑法的人性基础》,中国方正出版社1999年版。

[8]成良文:《刑事司法协助》,法律出版社2003年版。

[9]费宗祎、唐承元:《中国司法协助的理论与实践》,人民法院出版社1992年版。

[10]高铭暄:《刑法学原理》(第1卷),中国人民大学出版社1993年版。

[11]高铭暄、[法]米海依尔·戴尔玛斯·马蒂:《刑法国际指导原则研究(法国课题组建议部分)》,中国人民公安大学出版社 1998 年版。
[12]甘雨沛、高格:《国际刑法学新体系》,北京大学出版社 2000 年版。
[13]顾培东:《社会冲突与诉讼机制》,四川人民出版社 1991 年版。
[14]何家弘、张卫平:《外国证据法选译》(下卷),人民法院出版社 2000 年版。
[15]何志鹏:《欧洲联盟法发展进程与制度结构》,吉林大学出版社 2007 年版。
[16]黄风:《国际刑事司法合作的规则与实践》,北京大学出版社 2008 年版。
[17]黄风、凌岩、王秀梅:《国际刑法学》,中国人民大学出版社 2007 年版。
[18]黄肇炯:《国际刑法概论》,四川大学出版社 1992 年版。
[19]贾宇:《国际刑法学》,中国政法大学出版社 2004 年版。
[20]李家善:《国际法学史新论》,法律出版社 1987 年版。
[21]李双元:《市场经济与当代国际私法趋同化问题研究》,武汉大学出版社 1994 年版。
[22]林欣:《国际刑法问题研究》,中国人民大学出版社 2000 年版。
[23]林欣:《国际法中的管辖权》,法律出版社 1988 年版。
[24]刘德喜、钱镇:《WTO 与国家主权》,人民出版社 2003 年版。
[25]陆晓光:《国际刑法学概论》,中国政法大学出版社 1991 年版。
[26]马进保:《国际犯罪与国际刑事司法协助》,法律出版社 2003 年版。
[27]马进保:《跨境犯罪研究》,群众出版社 2002 年版。
[28]王铁涯:《国际法》,法律出版社 1995 年版。
[29]王秀梅:《国际刑事法院研究》,中国人民大学出版社 2002 年版。
[30]王逸舟:《当代国际政治析论》,上海人民出版社 1995 年版。
[31]邵沙平:《国际法专题研究》,中国人民大学出版社 2009 年版。
[32]邵沙平:《现代国际刑法教程》,武汉大学出版社 1993 年版。

[33]沈宗灵:《法理学》,北京大学出版社1999年版。

[34]苏力:《法治及其本土资源》,中国政法大学出版社1996年版。

[35]孙笑侠:《法的现象与观念》,山东人民出版社2001年版。

[36]谢晖:《法学范畴的矛盾辩思》,山东人民出版社1999年版。

[37]阎学通:《中国国家利益分析》,天津人民出版社1997年版。

[38]杨泽伟:《主权论——国际法上的主权问题及其发展趋势研究》,北京大学出版社2006年版。

[39]张景:《国际刑法综述》,人民法院出版社2004年版。

[40]张明楷:《刑法的基本立场》,中国法制出版社2002年版。

[41]张文显:《法理学》,高等教育出版社、北京大学出版社1999年版。

[42]张旭:《国际刑法——现状与展望》,清华大学出版社2005年版。

[43]张智辉:《国际刑法通论》,中国政法大学出版社1999年版。

[44]赵秉志:《国际区际刑法问题探索》,法律出版社2003年版。

[45]赵秉志、黄晓亮:《中国区际刑法专题整理》,中国人民公安大学出版社2009年版。

[46]赵秉志、何超明:《中国区际刑事司法协助探索》,中国人民公安大学出版社2003年版。

[47]赵秉志等:《跨国跨地区犯罪的惩治》,海南出版社1996年版。

[48]赵又芳:《当代国际犯罪的发展趋势》,中国人民公安大学出版社2005年版。

[49]曾令良:《21世纪初的国际法与中国》,武汉大学出版社2005年版。

[50]郑永流:《法治四章》,中国政法大学出版社2002年版。

[51]左卫民:《简易刑事程序研究》,法律出版社2005年版。

[52]中共中央马克思恩格斯列宁斯大林著作编译局:《马克思恩格斯全集》(第1卷),人民出版社2001年版。

[53](明)冯梦龙改编,(清)蔡元放修订:《东周列国志》,文幼、吕功点校,安徽文艺出版社2004年版。

[54]陈朴生:《刑事证据法》,台北,三民书局 1970 年版。
[55][德]黑格尔:《法哲学原理》,范扬译,商务印书馆 1961 年版。
[56][德]格哈德·韦勒:《国际刑法学原理》,王世洲译,商务印书馆 2009 年版。
[57][法]孟德斯鸠:《论法的精神》,商务印书馆 1961 年版。
[58][法]勒内·罗迪埃:《比较法导论》,徐百廉译,上海译文出版社 1989 年版。
[59][意]贝卡里亚:《论犯罪与刑罚》,中国大百科全书出版社 1993 年版。
[60][英]休谟:《人性论》,商务印书馆 1980 年版。
[61][日]水上千之:《船舶国籍与方便旗船籍》,全贤淑译,大连海事大学出版社 2000 年版。
[62][韩]李万熙:《引渡与国际法》,马相哲译,黄河、黄芳审校,法律出版社 2002 年版。
[63][美]威廉·奥尔森:《国际关系理论与实践》,王沿译,中国社会科学出版社 1989 年版。
[64][美]阿瑟·奥肯:《平等与效率》,王奔洲译,华夏出版社 1987 年版。
[65][美]华尔兹:《国际政治理论》,胡少华等译,中国人民公安大学出版社 1992 年版。
[66][苏]克林曼:《苏维埃民事诉讼法中证明理论的基本问题》,法律出版社 1985 年版。
[67][荷]格劳秀斯:《战争与和平法》,何勤华等译,上海人民出版社 2005 年版。
[68]联合国国际法委员会第五十八届会议报告,A/61/10(2006)。
[69]车丕照:《法律全球化与国际法治》,载高鸿钧主编:《清华法治论衡》第 1 集,清华大学出版社 2000 年版。
[70]贾宇:《论内地与港澳地区开展区际刑事司法协助的途径和内容》,载黄进、黄风:《区际司法协助研究》,中国政法大学出版社 1993 年版。

[71]马克昌:《我国区际刑事司法协助的内容刍议》,载赵秉志、何超明:《中国区际刑事司法协助探索》,中国人民公安大学出版社 2002 年版。
[72]张晓鸣、鲍艳:《跨国视频音频调查取证——司法协助问题初探》,载赵秉志主编:《国际刑法评论》第 3 集,中国人民公安大学出版社 2010 年版。
[73]中华人民共和国司法部司法协助局编译:《国际司法协助条约集》,法律出版社 1990 年版。
[74]中华人民共和国外交部条约法律司编:《刑事司法协助条约和移管被判刑人条约集》,世界知识出版社 2009 年版。
[75]黄风:《国际刑事司法合作的新近发展》,载《法制日报》2009 年 3 月 6 日。
[76]《现代汉语词典》,商务印书馆 2002 年版。
[77]《现代汉语词典》(增补版),商务印书馆 2001 年版。
[78]陈卫东、程雷:《刑事诉讼的全球化趋势析评》,载《山东公安专科学校学报》2003 年第 3 期。
[79]陈瑞华:《审判之中的审判——程序性裁判之初步研究》,载《中外法学》2004 年第 3 期。
[80]戴超武:《国家利益概念的变化及其对国家安全和外交决策的影响》,载《世界经济与政治》2000 年第 12 期。
[81]董宁博、刘凯、杨斐:《试析全球化时代国家主权让渡的现实可能性》,载《国际关系学院学报》2010 年第 2 期。
[82]冯军、蒋登巍:《浅析普遍管辖原则的适用限制》,载《法学评论》1997 年第 5 期。
[83]何家弘:《司法公正论》,载《中国法学》1999 年第 2 期。
[84]何家弘、姚永吉:《两大法系证据制度比较论》,载《比较法研究》2003 年第 4 期。

[85]何勤华:《法的国际化与本土化:以中国近代移植外国法实践为中心的思考》,载《中国法学》2011 年第 4 期。
[86]何志鹏:《国际法治:和谐世界的必由之路》,载《清华法学》2009 年第 1 期。
[87]何志鹏:《国际法治:一个概念的界定》,载《政法论坛》2009 年第 4 期。
[88]胡陆生:《中国刑法国际化原则的探究》,载《求索》2007 年第 3 期。
[89]郇习顶:《国家间刑事诉讼移管基础探讨》,载《江苏警官学院学报》2011 年第 3 期。
[90]黄风、董书丽:《狭义刑事司法协助中"死刑限用"问题探析》,载《人民检察》2002 年第 23 期。
[91]黄风、彭胜娟:《从周正毅案管辖冲突看区际刑诉移管制度之构建》,载《法学》2007 年第 7 期。
[92]黄润秋:《论国际刑法中的"或引渡或起诉"原则》,载《当代法学》2008 年第 1 期。
[93]黄文艺:《法律国际化与法律全球化》,载《辨析法学》2002 年第 12 期。
[94]靳之:《贪官外逃和追捕贪官》,载《领导文萃》2009 年第 13 期。
[95]柯葛壮:《国际刑事司法协助各论》,载《政法论坛》1996 年第 4 期。
[96]赖声利:《论刑事诉讼趋同化》,载《上饶师范学院学报》2002 年第 4 期。
[97]李双元、张茂、杜剑:《中国法律趋同化问题之研究》,载《武汉大学学报(哲学社会科学版)》1994 年第 3 期。
[98]李双元、李新天:《当代国际社会法律趋同化的哲学考察》,载《武汉大学学报(哲学社会科学版)》1998 年第 3 期。
[99]李瑛:《惩治外逃贪官的国际刑事司法协助解决机制探析》,载《政法学刊》2009 年第 8 期。

[100]刘朝旺:《论区际刑事诉讼转移》,载《铁道警官高等专科学校学报》2011 年第 1 期。

[101]刘志云:《经济全球化背景下国家主权问题探讨》,载《现代国际关系》2002 年第 7 期。

[102]刘凯、陈志:《全球化时代制约国家主权让渡的困难和问题分析》,载《湖北社会科学》2007 年第 7 期。

[103]罗豪才:《经济全球化与法制建设》,载《求是》2000 年第 23 期。

[104]吕岩峰、李海滢:《国际刑事管辖权冲突的"适当法"观照——来自国际私法学的借鉴》,载《当代法学》2004 年第 4 期。

[105]钱文荣:《联合国宪章和国家主权问题》,载《世界政治与经济》1995 年第 8 期。

[106]邱兴隆:《国际人权与死刑》,载《现代法学》2001 年第 4 期。

[107]邵维国:《刑事管辖权含义辨析》,载《广州大学学报(社会科学版)》2007 年第 5 期。

[108]邵沙平:《论国际法治与中国法治的良性互动——从国际刑法变革的角度透视》,载《法学家》2004 年第 6 期。

[109]苏彩霞:《刑法国际化视野下的我国刑法理念更新》,载《中国法学》2005 年第 2 期。

[110]苏彩霞:《我国区际刑事司法协助适用"双重犯罪原则"新论》,载《政治与法律》2009 年第 6 期。

[111]唐泰来、王海军:《起诉裁量权正当性研究》,载《河北法学》2009 年第 7 期。

[112]韦书觉:《法律趋同的人性基础分析》,载《河池师专学报(社会科学版)》2001 年第 1 期。

[113]王婧:《引渡外逃贪官的瓶颈》,载《法人》(Faren Magazine)2006 年第 8 期。

[114]王铮:《国际警务合作中的刑事诉讼转移管辖》,载《中国人民公安大

学学报》1997 年第 5 期。
[115] 吴卡、宋连斌:《国际司法机构管辖权冲突的解决路径》,载《华东政法大学学报》2011 年第 3 期。
[116] 吴功荣:《全球化进程中的“国际利益”解析》,载《现当代国际关系》2003 年第 11 期。
[117] 吴家麟:《论证据的主观性和客观性》,载《法学研究》1981 年第 6 期。
[118] 杨斐:《试析国家主权让渡概念的界定》,载《国际关系学院学报》2009 年第 2 期。
[119] 杨方泉:《论内地与港澳台跨境犯罪二分法及其意义》,载《政法学刊》1997 年第 4 期。
[120] 张会峰:《刑事诉讼法中的程序性裁判》,载《法学》2002 年第 4 期。
[121] 张淑平:《海峡两岸刑事诉讼移管制度之构建》,载《福州大学学报(哲学社会科学版)》2011 年第 3 期。
[122] 张旭:《国际犯罪刑事责任再探》,载《吉林大学社会科学学报》2001 年第 2 期。
[123] 赵秉志:《关于祖国大陆与香港建立刑事司法互助关系的研讨》,载《现代法学》2000 年第 3 期。
[124] 赵秉志、黄晓亮:《论内地与香港特区间刑事诉讼转移制度的构建》,载《现代法学》2010 年第 3 期。
[125] 赵秉志、黄晓亮:《港澳特区间关于移交被判刑人的安排之考察与启示》,载《法学论坛》2009 年第 4 期。
[126] 赵建文:《关于国家主权的性质和地位的理论演进》,载《郑州大学学报》2000 年第 11 期。
[127] 曾令良:《论冷战后时代的国家主权》,载《中国法学》1998 年第 1 期。
[128] 曾令良:《WTO 协议在中国的适用及我国法制建设的革命》,载《中

国法学》2000 年第 6 期。

[129][法]萨拜因・博丹:《论主权》,邓正来译,载《河北法学》2008 年第 9 期。

[130]王新清:《刑事管辖权的国际转移》,载找法网 2011 年 4 月 6 日,http://www. findlaw. cn。

[131]刘健:《限制和废除死刑的国际趋势与中国的对策》,载中国刑事法律网 2011 年 9 月 18 日,http://www. criminallawbnu. cn/criminal/。

[132]《联合国前秘书长安南的讲话》,载 http://www. org/chinese/events/palermoconvention/main. html,2012 - 04 - 06。

[133]Bain v. *Whitehaven and Furness junction Ry.* (1850)3H. L. C. 1 19.

[134]Mitchell S. G. ,*Klein:Law, Courts, and Policy, Prentice Hall*, 1984, 226 - 227.

[135]*Adjudication:Ele - ments for a Theory of Consent.* 39 Int'l L. & Pol. 791, 798 - 799(2007).

[136]C. Kress, 30 *Israel Yearbook on Human Rights*(2001), p. 103 at p. 163 fn 237.

[137]Grainne de Burca. Sovereignty and the Supremacy Doctrine of the European Court of Justice, in NellWalkered Sovereignty in Transition, Oregon: Hart - Publishing, 2003. 456.

[138]J. L. brierly, *The Law of Nations*, The Clarendon Press 1955, p. 29.

[139]Michael Plachta, (*Non -*) *Extradition of Nationals:A Never ending Story?*, Emory International Law Review, Vol. 13, 1999.

[140]MichaelKeating, Sovereignty and Plurinational Democracy, *Problems in Political Science, Mitchell S. G. Klein:Law, Courts, and Policy*, Prentice Hall, 1984, 226 - 227.

[141]Paolo Laszloczky, *La Cooperazione Internazionale Negli Atti Distruzione Penale*, Edizioni Cedam Padova, Paul Stephen Dempsey, *Aviation*

Security: The Role of Law in the War Against Terrorism, Columbia Journal of Transnational Law, Vol. 41, 2003.

[142] Penale, *Edizioni Cedam Padova*, 1980, 34.

[143] Richard H. Ullman, *Redefining Security*, International Security, Vol. 8, No. 1, 1983, p. 129.

[144] See Cesare Romano, *The Shift from the Consensual to the Compulsory Paradigm in International.*

[145] Stephen D. Krasner, Sovereignty, *Organized Hypocr - isy*, New Jersey: Princeton University Press, 1999. 127.

致　谢

我是一名中等师范学校毕业生，在江苏省沭阳县刘集乡初级中学、陇集镇高级中学任教10年后于1998年考入中国人民公安大学攻读中国刑法学专业硕士学位，2001年毕业进入江苏省高级人民法院刑事审判第一庭做书记员、助审员。因对法学研究比较感兴趣，加之单位鼓励学习的好政策，在完成工作任务的同时，我产生继续提升学业水准的想法，2009年9月，在崔敏教授、赵永琛教授、刘万奇教授、陆中俊教授、李富成博士的关爱下，再次考入中国人民公安大学攻读刑事诉讼法学专业博士学位。当时，正值女儿郇贝贝在江苏省海安县高级中学高三年级迎接高考，开学之初，我参加了为期25天的全封闭军训，身心得到了前所未有的历练，和同学们结下了很深的友谊。2010年“五一”前夕，在赵永琛老师的悉心指导下，经与学兄吴瑞博士、李彬博士、张晓菲博士多次交流，确定了本书的题目，并着手收集资料,进一步细化写作提纲。2010 年 7 月,回到单位上班,开始了边工作边写作的生活。这段时间,赵永琛老师在繁忙的工作之余,悉心指导和帮助,提出指导意见,我切身感受到赵永琛老师学识的渊博和为人的高尚,没有赵老师的智慧就没有本书的面世;刘万奇教授、樊学勇教授、李玉华教授、周欣教授、马明亮副教授在每次的中期考核中均给予指点。李富成博士几乎在每天的散步过程中均在讨论本书、关注写作的进程和遇到的困难,给我信心、力量和鞭策。陆中俊教授"宜早不宜迟"的教诲时刻在激励我完成本书的写作。回顾写作的过程,可以客观地说没有因为写作本书而影响审判工作,反之,我因超额完成审判任务、调研任务,获得了办案标兵的荣誉,因能够妥善处理开庭审理中的突发情况,荣立了三等功。在此,我要感谢江苏省高级人民法院的领导、我的同人,感谢给予我温馨的、宽松的写作、工作环境。女儿郇贝贝在课余时间帮助我修改字词,夫人董成祝独自揽下很多家务,李富成博士适时提出修改意见,闫永黎博士、李涛硕士、贾飞硕士、徐晔硕士均给予了及时的帮助,在此表示衷心的感谢。